Kerstin Jürgens

Mit Soziologie in den Beruf

Eine Handreichung

transcript Verlag, Bielefeld

Bibliografische Information der Deutschen Nationalbibliothek
Die Deutsche Nationalbibliothek verzeichnet diese Publikation in der Deutschen Nationalbibliografie; detaillierte bibliografische Daten sind im Internet über http://dnb.d-nb.de abrufbar.

© 2021 transcript Verlag, Bielefeld

Einbandgestaltung: Atelier Reichert, Stuttgart
Lektorat: Laura Mathews
Satz: Michael Rauscher
Druck: Friedrich Pustet GmbH & Co. KG, Regensburg
Print-ISBN 978-3-8252-5738-5
PDF-ISBN 978-3-8385-5738-0

Gedruckt auf alterungsbeständigem Papier mit chlorfrei gebleichtem Zellstoff.
Besuchen Sie uns im Internet: *https://www.transcript-verlag.de*
Unsere aktuelle Vorschau finden Sie unter *www.transcript-verlag.de/vorschau-download*

Inhalt

Vorwort

... zum Anlass für diese Handreichung

Vor einigen Jahren stand ich frühmorgens wieder einmal im Empfangshäuschen vor dem Werksgelände eines Betriebes, in dem ich seit einigen Wochen eine Befragung der Beschäftigten durchführte. Während ich bei der üblichen Kontrolle am Tor nach meinem Besucherausweis suchte, sprach mich der Pförtner an: »Sie sind doch eine Studierte. Geben Sie mir mal 'nen Tipp: Was soll meine Tochter am besten studieren, damit was aus ihr wird?« »Na am besten das, was ihr am meisten Spaß macht!« reagierte ich spontan – und schob hinterher: »Nur das wird sie auch gut machen können.«

Nun ist mir klar, dass junge Erwachsene eine hochgradig heterogene Gruppe sind und sich daher pauschale Empfehlungen verbieten. Letztlich aber eint sie alle die Suche nach dem ›richtigen‹ Weg ins Erwachsenen- und Berufsleben. Und sie stehen dabei, wie meine Begegnung am Werkstor zeigt, unter sozialer Beobachtung, zuweilen auch unter Legitimationsdruck. Wer das Abitur absolviert, muss häufig begründen, wie es danach weitergeht – und sich zwischen zahlreichen Optionen entscheiden, zu denen auch das Studium an einer Universität zählt. Hier wiederum steht ein kaum noch überschaubares Angebot an Studiengängen zur Auswahl, und auch den Ausbildungsort kann und muss man sich aussuchen. Wünsche und Träume vom Leben, ebenso aber auch die bisherige Bildungskarriere, die soziale

Herkunft oder die Ressourcen und die Unterstützung durch das Elternhaus werden beeinflussen, wohin die Reise letztlich gehen wird.

Nun wäre zu wünschen, dass die Suche nach Orientierung mit dem Eintritt ins Studium endet. Warum auch sollte man sich den Kopf über den späteren Berufseinstieg zerbrechen, der frühestens in drei, vielleicht auch erst in fünf Jahren anstehen wird? Vielen Studierenden erscheint der Arbeitsmarkt so dynamisch, dass sie kaum einzuschätzen wagen, wie es um die Nachfrage für ihren Abschluss steht. Zudem münden die meisten Studiengänge nicht in einen speziellen Beruf. Wer sich für Soziologie oder Sozialwissenschaften einschreibt, wird von Beginn an darüber aufgeklärt, dass diese Studiengänge für ein breiteres Spektrum an Tätigkeiten qualifizieren. Aus Gesprächen mit Studierenden nehme ich den Eindruck mit, dass viele diese Offenheit sehr schätzen. Sie würden zugleich aber gern genauer wissen, worin der am Arbeitsmarkt verwertbare Ertrag des Studiums liegt.

> **Sozialwissenschaften**
>
> Hierbei handelt es sich um einen Oberbegriff, unter den man mehrere Fächer bündelt, i. d. R. die Politikwissenschaft, die Sozialpsychologie und die Soziologie. Je nach Fachanteil variieren die Bezeichnungen der Studiengänge und Abschlüsse.

Dass dies ein berechtigtes Anliegen ist, zeigt sich spätestens beim Berufseintritt, meist aber schon bei der Suche nach einem Praktikumsplatz. Denn wollen Studierende oder Absolvent:innen in der Praxis überzeugen, müssen sie präzise benennen können, worin ihre Fachexpertise besteht – unabhängig davon, ob diese in einem Haupt- oder Nebenfach, einem Bachelor- oder Masterstudiengang erworben wird. Denn warum sonst sollten sich Verwaltungen, Unternehmen, Verbände oder Stiftungen dafür entscheiden, Sie einzustellen?

Damit bin ich beim Anlass für diese Handreichung. Ich habe sie in der Überzeugung verfasst, dass Ihnen der Einstieg in den Arbeitsmarkt besser gelingen wird, wenn Sie sich frühzeitig im Studium mit dem praktischen Anwendungsbezug Ihres Fachs beschäftigen. Denn

frage ich fortgeschrittene Soziologiestudierende nach ihren besonderen Fähigkeiten, dann höre ich oft, man kenne sich »gut in Methoden
und Theorien aus« und könne »gründlich recherchieren, Referate halten und Texte schreiben«. Damit sind allerdings nur allgemeine, auf
viele Fächer zutreffende Kompetenzen genannt; der Ertrag des konkreten Fachs bleibt hingegen unterbelichtet. Schon Max Weber mahn-
te jedoch an, das eigene Tun und die eigene Gesinnung fortwährend zu
reflektieren. Hierzu zählen entsprechend auch Ihre Arbeitsweise im
Studium und Ihre Motive der Studienfach- und späteren Berufswahl.

Zum Praxisbezug der Soziologie wird seit Gründung dieser wissenschaftlichen Disziplin engagiert diskutiert. Reflexionen darüber,
wie berufsorientiert das Fach sein kann bzw. soll, und ob die Verwertbarkeit im Erwerbsleben der ›richtige‹ Maßstab für die Ausbildung ist,
füllen etliche Zeitschriften, Sammelbände und Internetforen. Da ich
ursprünglich zunächst nur einen kurzen Leitfaden für die Soziologiestudierenden an der Universität Kassel verfassen wollte, habe ich viele
dieser Publikationen erst gesichtet, nachdem der Text für dieses Buch
schon weitgehend fertiggestellt war. Dabei fiel mir im Gang durch
die Quellen eines auf: Mit Ausnahme einiger Sammelbände richten
sich die meisten Publikationen an die Lehrenden im Fach. Sie zielen
auf eine Klärung des Selbstverständnisses der Soziologie. Die vorliegende Handreichung richtet sich indes an ein anderes Publikum: die
Studierenden. Sie ist deshalb nicht als wissenschaftliche Abhandlung
zum Thema verfasst, sondern wie eine verschriftlichte Sprechstunde,
in der ich mir erlaube, Sie direkt anzusprechen. Dass ich als Soziologin den Schwerpunkt auf mein eigenes Fach gelegt habe, sehen Sie
mir bitte nach. Etliche Hinweise dürften aber für alle Sozialwissenschaften und auch benachbarte Disziplinen hilfreich sein.

Kerstin Jürgens   Kassel, Juni 2021

1. Die Entscheidung für das Fach
... und was man sich damit einhandelt

Es gibt einige Wissenschaften, deren Studium in wenige, und damit klar benennbare Berufe mündet. Wer etwa Tiermedizin studiert, wird nie die Frage hören: »Und was machst du dann später damit?« Die Soziologie ist keine solche Wissenschaft. Dies liegt zunächst daran, dass viele Menschen schlicht nicht wissen, was »Soziologie« überhaupt bedeutet. Zwar stößt die Disziplin mit ihren Forschungsergebnissen seit jeher auf große Resonanz in Politik und Medien, doch sind ihr Name und insbesondere ihr Programm jenseits der akademischen Milieus weitgehend unbekannt. Man hat vielleicht »schon mal davon gehört«, heißt es dort, könne aber nicht sagen, womit sich die Soziologie genau befasst oder wie sie forscht.

Vielen Studieninteressierten geht es nicht anders. Von Schüler:innen höre ich, dass es »irgendwie um Menschen und Gesellschaft geht« und »da viel geforscht wird und Befragungen stattfinden«. Die meisten informieren sich daher vor der Bewerbung um einen Studienplatz noch einmal ausführlicher darüber, was sie im Studium konkret erwartet und welche Berufsperspektiven sich mit dem Abschluss eröffnen. Auskunft hierüber liefern die Selbstdarstellungen der jeweiligen Ausbildungsstandorte im Studienportal. Darüber hinaus bieten fast alle

Studien-
information

> **Studienportal**
>
> Hier präsentieren sich alle Hochschulstandorte, an denen eine Ausbildung in Soziologie möglich ist. (→ www.studium.org/soziologie)

Universitäten Hochschulinformationstage an, auf denen Lehrende das Fach vorstellen. Mehrere Standorte haben Online Self Assessments (OSA) entwickelt. Diese geben Interessierten Aufgaben zum Ausprobieren an die Hand, gewähren aber auch Einsicht in den konkreten Arbeits- und Lernprozess. In diversen Interviews erläutern Dozent:innen die Konzepte und Ziele der Ausbildung; Studierende berichten von ihren Erfahrungen.

Studieneinstieg   Nachdem die Entscheidung für das Fach dann gefallen ist, klären sich alle weiteren Fragen vor Ort: Zum Studienbeginn werden Sie in den Einführungsveranstaltungen und Tutorien umfassend informiert, und die reiche Fülle an Studienführern sowie Lehr- und Handbüchern hilft Ihnen bei der weiteren Annäherung an das Fach. All diese Komponenten tragen dazu bei, dass Sie bereits im ersten Semester über markante Eigenschaften der Soziologie aufgeklärt sind. Wenn Sie diese schriftlich festhalten, haben Sie eine Ideensammlung zum Fach parat, die Sie im Verlauf des Studiums immer weiter ergänzen können.

Begriffsklärung Soziologie   Studierende müssen jedoch nicht nur für sich selbst klären, was »Soziologie« ist und will, sondern auch gegenüber Dritten. Mag Ihnen dies im privaten Alltag noch leichtfallen, weil Sie sich eine Standardantwort zurechtgelegt haben, sieht dies in Bewerbungsgesprächen anders aus. Hier sitzen Sie Expert:innen gegenüber, die zumeist eine andere Ausbildung absolviert haben und eine bestmögliche Passfähigkeit von zu besetzender Position und Person anstreben. Sie werden genauer wissen wollen, was sie davon haben, jemanden mit einem Abschluss in Soziologie einzustellen. Auf diese Situation können und sollten Sie sich schon während des Studiums vorbereiten. Die Handreichung will zeigen, wie dies mühelos ›nebenbei‹ gelingt.

Lesehinweis   Hierfür müssen Sie sich jedoch darauf einlassen, dass der vorliegende Text nicht der Chronologie Ihres Karriereverlaufs folgt. Denn um zu erkennen, welche Verbindungen zwischen dem Studium und der beruflichen Praxis bestehen, bedarf es einiger Vorklärungen. Diese betreffen zum einen den Status der Soziologie als wissenschaftliche Disziplin und zum anderen die Funktionsweise der Erwerbssphäre. Ich werde deshalb im Folgenden versuchen, Studien- und Berufsperspektive in stetem Dialog zu halten. Falls Ihnen der Text im Einstieg zu schwer scheint, beginnen Sie mit dem sechsten Abschnitt und erst dann erneut von vorne.

Das *zweite Kapitel* startet zunächst mit einem Rückblick auf die Gründungsgeschichte der Soziologie und skizziert, inwiefern sich unser Fach von anderen unterscheidet. Studierende formulieren den Wunsch, Gesellschaft nicht nur zu begreifen, sondern auch zu verändern. Sie wollen sich aber zugleich auch erfolgreich am Arbeitsmarkt etablieren und einen monetären Ertrag der Ausbildung einfahren. Dieser vermeintliche Widerspruch löst sich auf, wenn Sie sich vergewissern, in welchem Selbstverständnis Sie Soziologie betreiben. Hierfür ist vorab zu klären, was es mit Erwerbstätigkeit, Berufen und Professionen überhaupt auf sich hat. Da nur eine kleine Gruppe von Studierenden eine Berufsausbildung absolviert hat, ist den meisten das Erwerbsleben (jenseits von ›Nebenjobs‹) noch fremd. Kenntnisse über die Mechanismen der Zu- und Verteilung von Positionen sind jedoch unabdingbar, um die eigenen Chancen am Arbeitsmarkt solide einschätzen zu können.

Soziologie als Profession

Das *dritte Kapitel* widmet sich der Phase des Berufseinstiegs. Die Soziologie hat umfassend erforscht, was den Übergang von der Hochschule in den Arbeitsmarkt auszeichnet und welche Herausforderungen mit dieser Etappe verbunden sind. Mit dem Einstieg ins Erwerbsleben gewinnt wiederum Ihre Berufsorientierung an Stellenwert. Die meisten Absolvent:innen streben nicht irgendeine, sondern eine dem akademischen Abschluss entsprechende Anstellung an. Zugleich

Berufseinstieg

wünschen sich Studierende, dass Erwerbstätigkeit mehr bietet als die bloße Existenzsicherung. Zu reflektieren ist daher, welche Bedeutung Ihre persönlichen Präferenzen und Haltungen für den Berufseinstieg haben. Denn Studien über Arbeitszufriedenheit und professionelle Identität enthalten Hinweise darauf, dass die erfolgreiche Etablierung am Arbeitsmarkt davon abhängt, wie Sie sich während der Ausbildung zum Studienfach positionieren.

Thematischer Schwerpunkt

Das *vierte Kapitel* nimmt diesen Faden auf. Dass die Soziologie eine Wissenschaft ist, die sich plural aufstellt, haben Sie in Ihren Recherchen sicher schon festgestellt. Die Lehrenden geben Ihnen in den ersten Semestern einen Überblick über das Gesamtprogramm des Fachs und sorgen für eine solide Ausgangsbasis. Im weiteren Studienverlauf werden Sie Theorien und Methoden exemplarisch an konkreten sozialen Phänomenen anwenden. Sie dürfen und müssen in dieser Ausbildungsetappe Ihre thematischen Schwerpunkte jedoch selbst auswählen. In welcher Verbindung die Zusammenstellung des Studienplans zur späteren Erwerbstätigkeit steht, gilt es genauer auszuleuchten. Zu diskutieren ist, welche Zusammenhänge zwischen den Themen der Ausbildung und den Berufsfeldern bestehen, und wie konkret der Praxisbezug sein kann und darf.

Konkrete Berufsfelder

Dass die soziologische Expertise auf dem Arbeitsmarkt rege nachgefragt wird, zeigt das *fünfte Kapitel*. Zahlreiche Absolvent:innenbefragungen erteilen Auskunft darüber, wo Soziolog:innen und Sozialwissenschaftler:innen platziert sind – und die Ergebnisse lassen den Schluss zu, dass die thematische Offenheit des Studiums einen strategischen Vorteil darstellt. Zudem verfügt die Soziologie über einen reichhaltigen Forschungsstand zu den diversen Branchen und Segmenten, in denen Absolvent:innen tätig sind, und hat auch für das Verständnis von Organisationen viel anzubieten. Am Beispiel der Berufsfelder zeigt sich, dass das professionelle Selbstverständnis anleitet, wo Absolvent:innen in die Erwerbssphäre einsteigen, wie sie sich innerhalb der unbekannten Strukturen behaupten und worin ihre berufliche Praxis dann besteht.

Nach den vorangegangenen Kapiteln sollten Sie bereits bestens auf den Berufseinstieg vorbereitet sein und viele Verbindungslinien zwischen Studium und Beruf erkannt haben. Im *sechsten Kapitel* möchte ich diesen noch einmal vertiefend nachgehen. Am Beispiel von Studien- und Prüfungsleistungen lässt sich zeigen, welche Kompetenzen Sie durch die Arbeitsweisen und die Kooperationsformen an sich erwerben. Besondere Aufmerksamkeit sollen jedoch die fachspezifischen Inhalte bekommen, aus denen eine spezifische, exklusiv soziologische Expertise erwachsen kann. Zwar lassen sich in jedem Seminar des Fachs Bezüge zur Praxis herstellen, sobald gesellschaftliche Dynamiken erklärt und die hierfür notwendigen Instrumente vermittelt werden. Doch nur wer benennen kann, zu welchem Handeln man hiermit konkret befähigt ist, wird dies in Bewerbungen und Vorstellungsgesprächen als besondere Stärke der Soziologie und exemplarisch am avisierten Arbeitsplatz untermauern können.

Praxisbezüge im Studium

Im *siebten Kapitel* möchte ich Sie schließlich gedanklich in die Situation der späteren Berufstätigkeit versetzen. Denn selbst wenn Sie im Rahmen von ›Jobs‹, ehrenamtlichen Tätigkeiten oder Praktika schon in professionelle Arbeitsbezüge involviert sind, so steht die ausbildungsadäquate Anstellung unter anderen Vorzeichen. Hier hat man Sie in der Erwartung angeworben, dass Sie die im Studium erworbenen Fähigkeiten bestmöglich einbringen. Wer denkt, dass der Fachbezug nun unwichtiger wird, täuscht sich. Vielmehr speist sich aus dem offensiven Bezug auf die Ausbildungsinhalte eine Ressource zur Bewältigung beruflicher Anforderungen.

Im Beruf

Die Handreichung schließt mit einem *Fazit*, dem üblichen *Quellenverzeichnis* und Tipps zum *Weiterlesen*. Für Letztere habe ich ausgewählte Publikationen und Internetlinks zum Thema sowie die einschlägigen Sammelbände zu konkreten Berufsfeldern zusammengestellt. Auch für Lehrende sind hier einige Literaturhinweise aufgelistet. Denn klar ist, dass beide Seiten, Studierende ebenso wie Lehrende, einen Anteil daran haben, ob und wie gut der Praxisbezug eines Soziologiestudiums zur Entfaltung kommt. Das Gespräch ist hierfür das beste Mittel, denn alle Dozent:innen im Fach können Ihnen sehr gute Ratschläge für den Praxisbezug und den Berufseinstieg geben. Scheuen Sie deshalb nicht den Weg in die Sprechstunden oder fragen Sie einfach direkt in den Seminaren nach.

2. Soziologie als eine Profession
... denken und anwenden

Die Soziologie ist eine empirische Wissenschaft. Sie geht dem Geschehen in der Gesellschaft auf den Grund, indem sie z. B. Dokumente, Bilder oder Videos sichtet, strukturiert beobachtet, Menschen interviewt, Gruppendiskussionen initiiert oder über standardisierte Erhebungen Daten erzeugt. Auf dieser Basis lassen sich wiederum Theorien über das Soziale und die Gesellschaft entwickeln. All dieser Erhebungs- und Analyseinstrumente hat sich die Soziologie auch bedient, um der Situation von Studierenden auf den Grund zu gehen. Sie untersucht, welche Fächer warum angesteuert werden und was Studierende vom Studium und den Lehrveranstaltungen erwarten. Sie klärt darüber auf, wie das Studium finanziert wird, wo am Arbeitsmarkt Absolvent:innen positioniert sind und welche Einkommen sie erzielen. Das Bildungssystem an sich sowie die Hochschulen im Besonderen sind ein prominenter Forschungsschwerpunkt der Disziplin. Die Soziologie ist die Wissenschaft, die Auskunft über die Qualität der Lehre und die Lage der Universitäten gibt.

Die Frage nach dem Zusammenhang von Studium und Berufspraxis nimmt in diesen vielfältigen Arbeiten seit langer Zeit eine zentrale Rolle ein (vgl. exemplarisch Lamnek 1993; Stockmann et al. 2002; Hessler et al. 2014). Für den Einstieg in unsere Thematik scheint mir der Zugang über Befragungen von Studierenden gut geeignet. So ha-

Deutsche Gesellschaft für Soziologie (DGS)

»Die DGS wurde im Jahre 1909 gegründet, unter anderem von ›Klassikern‹ der Soziologie wie Ferdinand Tönnies, Max Weber und Georg Simmel.« Sie ist ein gemeinnütziger Verein, dem »vier Fünftel aller promovierten Soziologinnen und Soziologen Deutschlands« angehören. Die 3.300 Mitglieder haben sich zum Ziel gesetzt, »sozialwissenschaftliche Probleme zu erörtern, die wissenschaftliche Kommunikation der Mitglieder zu fördern und an der Verbreitung und Vertiefung soziologischer Kenntnisse mitzuwirken. [...] Mit Nachdruck war die DGS in allen Perioden ihrer Existenz bemüht, zur Etablierung der Soziologie in Lehre und Forschung beizutragen. Hierin besteht bis heute ihre Hauptaufgabe.« (→ www.soziologie.de)

ben z. B. Kiefer et al. (2018) 1.068 Studierende der Soziologie an 46 Hochschulen zu ihrer Studienmotivation befragt. Neben den konkreten Befunden (s. u.), ist schon die Heranführung an die Ergebnisse erhellend. Die Autoren verweisen auf prominente Vertreter:innen des Fachs und der Deutschen Gesellschaft für Soziologie (DGS). Anhand von Zitaten illustrieren sie, dass diese in ihren Stellungnahmen wiederholt ein »Versprechen der Ermächtigung« (158) formulierten: Die Ausbildung im Fach qualifiziere dafür, Gesellschaft zu begreifen und zu analysieren, darüber hinaus aber auch zu gestalten. Das Studium befähige folglich zur Veränderung von Gesellschaft.

Praxisbezug   Kiefer et al. (2018) räumen ein, dass solche weitreichenden Ziele nicht von allen Lehrenden geteilt werden und im Fach unterschiedliche Vorstellungen darüber bestehen, wie weit der Einfluss von Soziolog:innen reicht. Die Autoren überspitzen ihre Dramaturgie, um das Selbstverständnis von Lehrenden und Studierenden besser kontrastieren zu können. Der Spannungsbogen, den sie hierfür entwerfen, ist jedoch für unsere Frage nach dem Praxisbezug des Soziologiestudiums aufschlussreich. Denn Kiefer et al. (2018) rühren damit an einer Kontroverse, die die Disziplin seit ihrer Gründung umtreibt – und zu der sich alle Angehörigen des Fachs, also auch Sie, positionieren müssen:

Will die Soziologie die Gesellschaft nur untersuchen und erklären
oder auch gestalten?

Bereits in den Einführungsveranstaltungen erfahren Sie, dass die Ge- Geschichte
schichte der Soziologie als eigenständige Wissenschaft von mehr oder der Soziologie
minder turbulenten Debatten über die Ziele, Aufgaben und Vorgehensweisen dieser Disziplin durchzogen ist. Auch in der Gründungsphase der DGS standen sich unterschiedliche Paradigmen gegenüber
und mündeten auf dem ersten »Soziologentag« 1910 in Frankfurt in
einem Streit über die Ausrichtung der neuen Vereinigung. Max Weber, damals Gründungsmitglied, hatte mit seinen Studien über die
»Lage der Landarbeiter im ostelbischen Deutschland« (1892) und zur
»Psychophysik der industriellen Arbeit« (1908) sozialpolitisch brisante
Themen ›angepackt‹, sich also in einem durchaus gestaltenden Ansatz
bewegt. Für die DGS hatte er allerdings anderes im Sinn. Ein ausge-
zeichneter Kenner seines Werkes, M. Rainer Lepsius (2011), gibt an,
dass es Weber hier primär um eine organisationsstrategische Frage
ging. Waren seine bisherigen Projekte, die stets einer Finanzierung
bedurften, im »Verein für Socialpolitik« angesiedelt, habe er nun
einen neuartigen Verbund angestrebt, der als Dach für große For-
schungsverbünde dienen sollte.

Lepsius resümiert diese Idee als »visionär«, da sie einen Vorgriff Deutsche
auf renommierte Institutionen wie die heutigen Max-Planck-Gesell- Gesellschaft für
schaften oder die Deutsche Forschungsgemeinschaft (DFG) mit ihren Soziologie
großen Sonderforschungsbereichen markiere. Da Weber ein umfassendes Projekt zur »Soziologie des Zeitungswesens« plante, habe er
die DGS als idealen Ort für ein solches Unterfangen betrachtet, für
das er sich schon länger, jedoch mit mäßigem Erfolg, um Finanzie-
rungsquellen bemüht hatte. Sein Ansinnen sei daher gewesen, die
DGS als mitgliederstarke Gemeinschaft zu formieren, die sich von

Deutsche Forschungsgemeinschaft (DFG)

»Die DFG ist die Selbstverwaltungsorganisation der Wissenschaft in Deutschland. Sie dient der Wissenschaft in allen ihren Zweigen. Organisiert ist die DFG als privatrechtlicher Verein. Ihre Mitglieder sind forschungsintensive Hochschulen, außeruniversitäre Forschungseinrichtungen, wissenschaftliche Verbände sowie die Akademien der Wissenschaften. Die DFG erhält ihre finanziellen Mittel zum größten Teil von Bund und Ländern, die in allen Bewilligungsgremien vertreten sind. Dabei stellen Stimmverhältnisse und Verfahrensregeln wissenschaftsgeleitete Entscheidungen sicher.« (→ www.dfg.de)

politischen Kontroversen distanzieren und strikt dem Prinzip der Werturteilsfreiheit verpflichtet sein sollte. Es habe Webers Grundüberzeugung entsprochen »das Seinsollende nicht mit dem Seienden zu verquicken« (Lepsius 2011: 10; vgl. auch von Ferber 1959). Weber habe daher insistiert, dass die DGS »rein objektiv wissenschaftlichen Charakter« haben und sich »nur in den Dienst der Erforschung von Tatsachen und ihrer Zusammenhänge« (Weber zitiert nach Lepsius 2011: 10) stellen sollte. Soziologie ist in diesem Verständnis folglich kein Gestaltungsansatz, sondern eine Wissenschaft.

Die Forderungen Webers bezogen sich jedoch, dies wird gelegentlich vernachlässigt, primär auf den Begründungszusammenhang von Forschung, d. h. jene Phase, in der auf der Basis von Theorien und Modellen empirische Daten ausgewertet und Hypothesen formuliert bzw. diskutiert werden. Dass man solche Erkenntnisse anschließend auch dahingehend reflektiert, was sie für die Gesellschaft konkret bedeuten, und welche Schlussfolgerungen politische Akteur:innen aus ihnen ziehen könnten, war damit aber nicht ausgeschlossen. Weber mag vielmehr geahnt haben, dass in den damals politisch konfliktträchtigen Zeiten der avisierte Zusammenschluss in der DGS (und entsprechend auch die Mitgliederwerbung) nur unter der Prämisse einer Werturteilsfreiheit erfolgreich sein würde.

Webers Forschung Webers eigene Forschungen waren indes eng an gesellschaftspolitisch brisanten Problemlagen orientiert – und man darf annehmen, dass er seine Studien verfasste, damit die hier gewonnen

Erkenntnisse auch gesellschaftliche Wirkung entfalten. Ein Beleg hierfür ist, dass der Bezug auf das konkrete Leben der Menschen im Werk Webers leichter zu finden ist als in vielen aktuellen Ansätzen und Theorien. Hierauf weist auch Lepsius hin: Webers Vorhaben zur »Soziologie des Vereinswesens« sollte die gesamte Bandbreite vom »Kegelclub« bis zur »religiösen oder künstlerischen oder literarischen Sekte« (Lepsius 2011: 14) abdecken. Marianne Weber, die zu Ehe und Geschlechterdifferenzen arbeitete, engagierte sich in dieser Zeit in der Frauenbewegung. Auch die Frage der Beruflichkeit hatte Max Weber fest im Blick. Er beschäftigte sich nicht nur mit dem Handeln innerhalb von Organisationen oder Berufsverbänden, sondern seine Vorträge über »Politik als Beruf« (1919) und »Wissenschaft als Beruf« (1919) haben bis heute nicht an Aktualität eingebüßt. Friedrich Tenbruck (1995) resümiert den letztgenannten Beitrag als ein engagiertes Plädoyer für eine Reflexion des, wie es Weber selbst formuliert, »eigenen Tuns« (Weber 1995 [1919]: 39).

Die Gründungsphase der DGS zeigt somit auch für die heutige Zeit an, dass die Soziologie als Wissenschaft, die die Gesellschaft selbst zum Gegenstand hat, sorgfältig prüfen muss, in welchen Verwertungszusammenhang sie ihre Erkenntnisse stellt. Gerade aufgrund ihrer Stärke, Einstellungen und Lebensweisen der Menschen zu erkunden, kann sie sich seit jeher eines großen politischen Interesses erfreuen. Ihre Vertreter:innen mussten und müssen gleichwohl stets umsichtig abwägen, in welchem Grad sie sich in das Geschehen einmischen. Sie müssen fortwährend klären, in welchem Selbstverständnis sie ihr Metier betreiben. Damit ist die Frage nach dem Praxis- und Anwendungsbezug seit jeher im Kern des Fachs platziert. Dies belegt auch eine weitere, vielzitierte Kontroverse, der sogenannte »Positivismusstreit«. In dieser, rund fünfzig Jahre nach Gründung der DGS geführten Debatte standen sich insbesondere Theodor W.

Selbstverständnis des Fachs

Adorno als Vertreter der Kritischen Theorie der Frankfurter Schule und Karl Popper als Vertreter eines Kritischen Rationalismus gegenüber. Die Details der Debatte lassen sich an anderer Stelle nachlesen (Adorno 1993 [1969]; als Überblick: Ritsert 2010). Festzuhalten aber ist, dass es auch hier um das Selbstverständnis des Fachs ging, nun bezogen auf den Erkenntnisanspruch: Worüber kann die Soziologie Aussagen treffen? Was lässt sich empirisch belegen und hält der Überprüfung stand?

Studierende der 1960er Jahre

Die in den 1960er Jahren aufkommende Studierendenbewegung in der noch jungen Bundesrepublik beförderte weitere Auseinandersetzungen über die Ausrichtung der Soziologie. Die jungen Generationen stürmten Hörsäle und Seminarräume. Viele wählten ein Studium der Soziologie aus einem gesellschaftspolitischen Interesse heraus. Sie hatten nicht primär die spätere Erwerbstätigkeit im Blick, sondern wollten lernen, Gesellschaft zu begreifen, um sie zu verändern – und sie erwarteten von der Soziologie und den Lehrenden vor Ort, hierfür Unterstützung zu erhalten. Debatten über das Verständnis von Gesellschaft, über Macht- und Herrschaftsverhältnisse oder die Rolle und Verantwortung der Wissenschaft waren daher omnipräsent. Für die Studierenden war es deshalb selbstverständlich, sich auch mit komplexen Subjekt- und Gesellschaftstheorien auseinanderzusetzen und disziplinübergreifend zu studieren. Sie besuchten nicht nur Veranstaltungen des eigenen Studiengangs, sondern nutzten alle Angebote der Universität, von denen sie sich Antworten versprachen, und engagierten sich in hochschulpolitischen Gruppen. Der Zulauf zum Fach, wie auch den Sozialwissenschaften insgesamt, war zu einem Gutteil diesen besonderen Motivlagen geschuldet.

Fachliche Besonderheiten

Es sind solche Momentaufnahmen aus einer langen Historie der Soziologie, die Ihnen die Besonderheiten Ihres Studienfachs aufzeigen. Die Soziologie geht Kontroversen um ihre Ziele und das wis-

senschaftliche Selbstverständnis nicht aus dem Weg, und sie pflegt
fortwährend einen engagierten Diskurs über die Tragfähigkeit theo-
retischer Paradigmen und methodischer Zugriffsweisen. Gerade
aufgrund dieses Ringens um den bestmöglichen Weg ist es gelungen,
Analyseinstrumente immer feiner zu justieren und die Diagnosefähigkeit zu schärfen. Im Ergebnis sind vielfältige Erklärungsansätze
zur Gesellschaft entstanden, die unterschiedliche Zugänge zum Sozialen wählen, aber wechselseitig anerkannt werden. Auch die fortwährende Reflexion der eigenen Wirkung ist der Soziologie selbstverständlich. Ihre Vertreter:innen stellen stets klar heraus, wann sie
sich auf Gesellschaft als Untersuchungsgegenstand beziehen, oder
aber sie als Wirkungskreis nutzen und alternative Möglichkeiten des
(politischen) Handelns aufzeigen wollen. Ob die Soziologie der Gesellschaft nur deren Zustand spiegelt oder auch Vorschläge zur Veränderung einbringt, wird im Fach unterschiedlich bewertet, letztlich
aber dem verantwortungsvollen Abwägen der einzelnen Forschenden
überlassen.

Welche Ambitionen haben die Studierenden?

Nach dieser Klärung können wir zu der Studierendenbefragung von   *Studienmotivation*
Kiefer et al. (2018) zurückkehren. Die Ergebnisse dieser Erhebung lassen den Schluss zu, dass die Studierenden offenbar bestens vertraut
sind mit den pluralen Positionen, Theorien und Methoden im Fach –
und möglicherweise gerade die fortwährenden, mit Leidenschaft
geführten Debatten ihre Neugier wecken. In der Studierendenbefragung von Kiefer et al. (2018) erhalten die Aussagen »Gesellschaftstheorien kennenlernen« (93 Prozent) und sich »abstrakt mit sozialen
Problemen beschäftigen« (89 Prozent) die größten Zustimmungswerte, sind jedoch dicht gefolgt von Motiven wie »Gesellschaft verstehen

und verändern« (84 Prozent) und »etwas Positives beitragen« (84 Prozent). Die Aufgabe der Soziologie sehen die Befragten vor allem darin, Gesellschaft zu beobachten (98 Prozent), zu beschreiben (97 Prozent) und zu erklären (90 Prozent); aber 45 Prozent geben auch explizit an, dass es darum gehe, sie zu verändern. Das Verdienst der Studie liegt darin, diesen Befund nicht als bloßen Reflex der Studierenden auf das Ausbildungsgeschehen zu deuten, sondern als eigenständige Haltung und Positionierung zum Fach zu erkennen: Ein beachtlicher Teil der Studierenden strebt eine solide wissenschaftliche Ausbildung an, verfolgt aber nicht minder engagiert das Ziel, mit soziologischem Wissen etwas in der Gesellschaft zu bewirken. Die Studierendenschaft, so könnte man schlussfolgern, scheint also ebenso plural wie ihr Studienfach zu sein. Manche zielen schon zum Studienbeginn primär auf einen soliden Berufseinstieg in einem konkreten Praxisfeld; andere lehnen eine derartige Verwertungsorientierung ab und wollen sich zunächst in Gesellschaftskritik schulen.

Derart normativ ausgerichtete Motivlagen werden während des Studiums der Soziologie offen thematisiert, reflektiert und debattiert. Sie sind weder als unwissenschaftlich zu problematisieren noch, wie häufig behauptet wird, nur in den Sozialwissenschaften anzutreffen. Auch ein Gutteil der Studierenden der Medizin oder der Forstwirtschaft dürfte sich für das jeweilige Fach entschieden haben, um zur Gesunderhaltung der Menschen oder dem Schutz des Waldes beizutragen. Die Gesellschaft zu verbessern und, wie die von Kiefer et al. (2018) Befragten angeben, »etwas Positives beitragen« zu wollen, sind legitime Studienziele. Gleichwohl mahnt Georg Vobruba (2021) im Studienportal zurecht: »Das Studium der Soziologie dient nicht der Selbstfindung« (2). Vielmehr könne diese allenfalls »über einen Umweg« (2) erreicht werden, der darin bestehe, zunächst Gesellschaft in ihrer Komplexität zu begreifen. Persönliche Befindlichkeiten seien dabei besser erst einmal außen vor zu lassen. Stattdessen solle man »Spaß daran haben herauszufinden, warum die Leute so denken, wie sie denken, und so handeln, wie sie handeln« (2). Auch dürfe die Soziologie nicht mit Sozialarbeit verwechselt werden; wer Menschen direkt helfen wolle, sei im Fach fehlplatziert. Solche Klärungen und Abgrenzungen des Fachs dürften Ihnen bereits vertraut sein. Doch was bedeutet das für die Ausbildung und vor allem die Berufschancen?

Interessant ist hier der Befund von Kiefer et al. (2018: 162 ff.), dass nur 34 Prozent der Befragten die Aussage unterstützen »Ich habe einen konkreten Berufswunsch vor Augen«. Die Studierenden sind sich ganz offenkundig der Breite des potentiellen Einsatzbereichs bewusst und sehen für sich eine »Vielfalt an beruflichen Möglichkeiten« (77 Prozent). Es ist anzunehmen, dass Sie bereits nach einer Durchsicht der Studienangebote und Fachdarstellungen zu der Einsicht gelangt sind, dass Ihnen die Soziologie nicht den Weg in ›den einen‹ Beruf vermittelt, sondern vielmehr für ein ganzes Spektrum von Tätigkeiten qualifiziert. Im Studienportal weisen fast alle Standorte ausdrücklich auf diesen Umstand hin. Dass sich dennoch jedes Jahr tausende junger Menschen für ein Studium der Soziologie entscheiden, ist deshalb ein Indiz dafür, dass das Fehlen eines konkreten Berufsziels zunächst nicht abschreckt – und möglicherweise auch damit zusammenhängt, dass viele den primären Wunsch haben, Gesellschaft zu verändern. Dass man noch nicht genau weiß, wie und wo das am besten gelingen wird, scheint weithin akzeptiert.

Wenn ich mit Studierenden ins Gespräch über ihre Ziele und Erwartungen komme, höre ich von einigen jedoch, dass sich im Verlauf der Ausbildung Unsicherheit darüber einstellt, »ob die Rechnung aufgeht, und man mit Soziologie dann auch was wird«. In Ihrem privaten Umfeld sind Sie wahrscheinlich schon häufiger nach der Verwertbarkeit Ihrer Ausbildung gefragt worden. Im Studium knüpfen Sie nun

Offenheit des Berufsziels

Kontakt zum Arbeitsmarkt

erste Kontakte zum Arbeitsmarkt, wenn Sie über ›Jobs‹ den Unterhalt sichern oder Praktika absolvieren. Doch auch hier bedarf es oft einer Erklärung zum Fach. Die Soziologie ist in der Breite der Gesellschaft zwar bekannt, aber konkrete Vorstellungen von den Fähigkeiten, die man im Studium erwirbt, haben nur wenige Fachfremde. Hinzukommt, dass man Soziolog:innen zumeist nicht als solche erkennt, wenn man in Verwaltungen, den Medien, der Politik oder Unternehmen mit ihnen zu tun hat. Dies liegt maßgeblich daran, dass sie sich selten als solche vorstellen. Auf Nachfrage teilen sie mit, dass sie Soziologie studiert haben, als Beruf jedoch geben sie überwiegend ihre aktuelle Tätigkeit an, wie etwa »Journalist«, »Marktforscherin« oder »Berater«. Die Berufsbezeichnung »Soziolog:in« ist dagegen selten zu hören.

In meinen Seminaren verhält es sich nicht anders. Studierende verweisen auf die Vielfalt ihrer möglichen Einsatzgebiete und sprechen bereits von einem späteren Beruf z. B. als »Gleichstellungsbeauftragter« oder »Personalreferentin«. Zudem ist nicht klar definiert, was eine Berufsbezeichnung überhaupt umfassen kann, darf oder soll. Ist hiermit ein Ausbildungsabschluss, ein im Arbeitsvertrag aufgeführtes Profil oder schlicht die konkrete ausgeübte Tätigkeit gemeint? Für das eigene Selbstverständnis und das Auftreten im Studium, in Bewerbungsgesprächen oder im Beruf scheint es mir lohnenswert, diesen Fragen nachzugehen.

Was ist ein Beruf? Welchen Stellenwert hat eine Ausbildung im Fach »Soziologie«?

Geschichte der Berufe

Antworten auf diese Fragen liefert unser eigenes Fach, das einen beachtenswerten Forschungsstand zum Thema vorweisen kann. Von Max Weber erfahren wir in seinen Ausführungen zum »Berufs- und

Fachmenschentum« (1980 [1921]: 551 ff., hier S. 576), dass Berufe eine gewisse Qualität von Tätigkeiten und Arbeitsergebnissen sicherstellen, zum anderen aber auch das Angebot an Arbeitskraft steuern. Die akademischen Berufe hatte Talcott Parsons (1964 [1939]) im Blick. Er sah Berufe als zugleich Folge und Voraussetzung einer arbeitsteilig organisierten Gesellschaft; sie sollen einen verlässlichen und angemessen flexiblen Zugriff auf bestimmte Kompetenzen ermöglichen. Dass hieraus wiederum Abhängigkeiten vom Wissen der Expert:innen entstehen, dürften Sie im Verlauf Ihres Studiums schon als eine der »Paradoxien der Modernisierung« (van der Loo/van Reijen 1992) kennengelernt haben bzw. ganz sicher noch kennenlernen.

> **Paradoxien der Modernisierung**
>
> Mit dem Begriff »Modernisierung« thematisiert das Fach Dynamiken sozialen Wandels und neuartige Verfasstheiten von Gesellschaften. »Paradoxien« entstehen, wenn sich zeitgleich zu einer Entwicklung eine andere, zu dieser konträr verlaufende, Entwicklung vollzieht. Eine der anschaulichsten und mit Beispielen unterlegte Übersicht zu Dimensionen der Modernisierung haben Hans van der Loo und Willem van Reijen vorgelegt (1992).

Vertiefende Analysen zu einem Thema finden Sie stets in den Speziellen Soziologien. In unserem Fall tritt hier die Berufssoziologie auf den Plan, d. h. ein Forschungsstrang unseres Fachs, der sich auf die Erklärung der Entstehung und Entwicklung von Berufen spezialisiert hat. Einen wichtigen Grundstein hierfür legten Thomas Luckmann und Werner Sprondel (1972) mit einem gleichnamigen Sammelband. Heute gibt es zwar keine eigenständige Sektion »Berufssoziologie« mehr, doch sind die Forschungsaktivitäten hierzu keineswegs eingestellt worden. Sie versammeln sich vielmehr unter dem Dach gleich mehrerer

Berufssoziologie

> **Spezielle Soziologien und Sektionen**
>
> Spezielle Soziologien befassen sich mit einem Teilausschnitt von Gesellschaft. Sie erheben Daten und entwickeln Theoreme, die zu einer vertiefenden Expertise zum jeweiligen Themenfeld führen. Die hierzu forschenden Soziolog:innen versammeln sich in Untergruppen der DGS, den sogenannten »Sektionen«, die Konferenzen zum Thema abhalten. Alle aktuellen Sektionen sind auf der Website der DGS gelistet.

Sektionen, wie z. B. der Arbeits- und Industrie, der Organisations- oder der Wissenssoziologie. Diese breite Verteilung des Themas in der Disziplin zeigt an, dass hier offenbar ein komplexes Phänomen vorliegt. Was also hat es mit Berufen auf sich?

Definition Beruf — Michael Brater und Ulrich Beck (1983) verstehen Berufe als die »institutionalisierten, dem einzelnen vorgegebenen Muster der Zusammensetzung und Abgrenzung spezialisierter Arbeitsfähigkeiten, die gewöhnlich mit einem Namen benannt werden [...] und den Ausbildungen als differenzierendes und strukturierendes Organisationsbild zugrundeliegen« (209). Diese vielzitierte Definition zeigt an, dass mit »Beruf« nicht festgelegt ist, was jemand im Detail tut, sondern vielmehr, was das Tätigkeitsfeld umfasst und charakterisiert, welche Qualifikation und Ausbildung erforderlich ist und welche Optionen im Erwerbsverlauf eine Tätigkeit eröffnet. Berufe haben insofern eine die Gesellschaft strukturierende Wirkung.

Martin Heidenreich (1999) betont daher die mit Berufen einhergehenden Abgrenzungs- und Schließungseffekte, ebenso aber auch die Denk- und Wissensordnungen, die mit Ausbildungen und Berufsbildern verbunden sind. Berufe sind folglich einflussreich. Mit ihnen wird z. B. über das Ausbildungssystem oder mittels Abschlüssen und Zertifikaten festgelegt, wer und wie viele Personen Zugang zu einem Beruf erhalten. Auch die Standards und Entgelte für die Nutzung von Leistungen sind mit ihnen festgelegt. Berufe moderieren damit die Verteilung von Teilhabechancen, und sie beeinflussen, wer sich im Wettbewerb der Fertigkeiten wie behaupten kann. Der Beruf erweist sich somit als ein interessenumwobenes Konstrukt, das den Arbeitsmarkt und die Gesellschaft gliedert – und deshalb Gegenstand und Ergebnis komplexer Aushandlungsprozesse ist (einen kompakten Überblick liefern z. B. Dostal et al. 1998 sowie Demszky/Voß 2018).

Was bedeutet dies für Ihre Ausbildung an der Universität?

Die Bezeichnung »Soziolog:in« dürfen in Deutschland nur Personen führen, die das Fach studiert und mindestens einen B. A.-Abschluss erlangt haben. Damit ist noch nicht entschieden, was Sie im Erwerbsleben konkret tun werden, aber Sie sind mit dem Abschluss bereits beruflich verortet.

Definition
Soziolog:in

Mit dem erfolgreichen Studienabschluss erfüllen Sie nicht nur formale Anforderungen auf dem Weg in den Arbeitsmarkt, sondern Sie haben einen beruflichen Status erlangt:

  Sie sind geprüfte Soziolog:innen.

Damit verfügen Sie nicht nur über eine besondere Qualifikation, die Ihnen vielfältige Beschäftigungsoptionen eröffnet, sondern sind nun auch Teil einer wissenschaftlichen ›Community‹ und haben die Möglichkeit, sich mit Berufstätigen zu vernetzen, die die gleiche Ausbildung durchlaufen haben. Sie können somit von der Erfahrung anderer profitieren. Optionen hierfür bieten die einschlägigen Berufsverbände, zu denen Sie schon während des Studiums Kontakt aufnehmen können. Hier findet reger Austausch zu wissenschaftlichen und berufspraktischen Fragen statt.

> **Berufsverbände**
>
> … bieten Austausch und Beratung, dienen zur Vernetzung und tragen zur Herausbildung einer gemeinsamen Berufsidentität bei. Sie nehmen darüber hinaus aber auch Einfluss auf zukünftige Ausbildungsinhalte und -konzepte und sichern die Interessen der im Beruf Tätigen auf dem Arbeitsmarkt ab. Als Akteur mit explizitem Fachbezug ist hier, neben der DGS, der »Berufsverband Deutscher Soziologinnen und Soziologen e. V.« (→ www.bds-soz.de) zu nennen (→ Kap. 5). Interessenvertretung im konkreten Tätigkeitsbereich übernehmen Gewerkschaften, die z. B. Tarifverträge aushandeln, in denen Entgelte, Arbeitszeiten u. a. festgelegt werden.

Akademisierung   Damit Sie Ihr Studienfach noch besser einschätzen können, darf an dieser Stelle der Hinweis nicht fehlen, dass sich die Berufsorientierung zwischen Studienfächern deutlich unterscheidet. War ein Studium an einer Hochschule oder Universität in der Nachkriegszeit noch die Ausnahme, hat im Laufe der Jahrzehnte die akademische Ausbildung immer mehr Zulauf erfahren. Wissenschaftliches Fachwissen hat an Stellenwert gewonnen und ist von den Absolvent:innen in die Arbeitswelt hineingetragen worden. Zugleich sind neue Berufsbilder entstanden und die Qualifikationsanforderungen gestiegen. Die Soziologie hat diese Entwicklung hin zu einer stärkeren wissenschaftlichen Fundierung von Tätigkeiten umfassend untersucht und als Tendenz der »Professionalisierung« resümiert. Um die Analyse zu schärfen, spricht sie mit Blick auf die akademisch ausgerichteten Gruppen am Arbeitsmarkt nicht von »Berufen«, sondern von »Professionen« (s. hierzu die Übersicht bei Pfadenhauer 2003).

Die Besonderheiten einer Profession

Profession   Professionen zeichnen sich »durch Macht und Einfluss sowie durch privilegierte Qualifikations- und Erwerbschancen« und »ein weitgehendes Monopol auf einen bestimmten Tätigkeits- und Wissensbereich« (Kaelble/Borgetto 2016: 385) aus. Letzteres trifft zwar auch für Berufe zu, doch können Akademiker:innen derlei exklusive Zuständigkeiten oftmals besser durchsetzen: Lässt sich die Renovierung einer Wohnung auch ohne Ausbildungsabschluss vermarkten, darf im Gericht nur eine Person mit entsprechendem Staatsexamen Recht sprechen. Die Anwendung des Fachwissens unterliegt einer mehr oder minder strengen Kontrolle durch die Profession, deren Verbände die Standards für Vorgehensweisen und ethische Normen für das Handeln festlegen und streng kontrollieren. Die nachfragende Klientel verlässt sich hierauf – und sie billigt der Profession bzw. deren Angehörigen eine entsprechende Honorierung der erbrachten Leistungen zu. Der Vorteil der Zugehörigkeit zu einer Profession ist damit offenkundig.

Hier ergibt sich nun ein Dilemma, auf das fast alle der zahlreichen Publikationen zum Praxisbezug des Soziologiestudiums hinweisen. Denn folgt man einer strengen Definition, dann ist die Soziologie keine Profession (vgl. bereits Beck/Bonß 1984; Oevermann 1990: 2f., 16). Die einzelnen Studiengänge und Fächer an der Universität sind daher nicht ohne weiteres vergleichbar und weisen erhebliche Unterschiede hinsichtlich ihrer Berufseinmündung auf. Manche sind auf das Studium einer Wissenschaft ausgerichtet, wie die Soziologie. Andere hingegen auf eng abgesteckte berufliche Einsatzbereiche, wie etwa das Fach »Soziale Arbeit« (vgl. auch Kuchler 2020). Zwar geben die DGS und der BDS ethische Leitlinien für das Handeln von Soziolog:innen vor, doch erfolgt jenseits von Forschung und Lehre de facto keine Kontrolle dessen, was unter dem Label »Soziologie« stattfindet. Wer eine soziologische Stellungnahme in Auftrag gibt, muss deshalb schlicht darauf vertrauen, dass der oder die Anbieter:in überhaupt entsprechend ausgebildet ist. Auch gibt es, wie alle Lehrenden betonen, keine spezifische Zuständigkeit der Soziologie, die anderen verwehrt bleibt. Eine empirische Erhebung oder eine Diagnose zur Gesellschaft können alle vornehmen und publizieren oder in den Medien verbreiten, die sich hierzu berufen fühlen. Andere Fächer und Studiengänge hingegen bilden für Tätigkeiten aus, die nur von ihnen exklusiv ausgeübt werden dürfen. Sie sind somit Professionen.

Nun könnten Sie vorschlagen, dass sich die Soziologie angesichts solcher Vermarktungsnachteile doch anders ausrichten und den Status einer Profession anstreben könnte. Sie können gewiss sein, dass es an Ideen hierzu nicht mangelt. Die Verbände ließen sich stärken,

Dilemma

Praxisbezug des Studiums

Standards wären festzulegen und deren Einhaltung zu überwachen. Das Studium wäre entsprechend zu reformieren. Im Fach wurden bereits intensive Debatten hierzu geführt und konkrete Vorschläge erarbeitet (z. B. Matthes 1973; Lüschen 1979; Oevermann 1990). Inzwischen jedoch hat sich die Berufsorientierung aller Wissenschaften deutlich verstärkt (→ Kap. 6). Alle B. A.- und M. A.-Studiengänge werden alle fünf bzw. sieben Jahre von externen Agenturen und Fachexpert:innen evaluiert, um die Qualität und aktuelle Passfähigkeit der Ausbildungskonzepte zu überprüfen. Eine Fülle an Publikationen dokumentiert, wie engagiert im Fach über den Berufsbezug Ihrer Ausbildung diskutiert wird (→ Kap. 5).

Wissenschaftliche Ausrichtung

Im Verlauf der Handreichung möchte ich aufzeigen, dass viele Gründe dafürsprechen, den Status der Soziologie als Wissenschaft beizubehalten. Der Ertrag des Studiums liegt, so die Arbeitshypothese für diese Handreichung, gerade in der wissenschaftlichen und angemessen breit angelegten Ausrichtung Ihrer Ausbildung. Damit stelle ich nicht in Abrede, dass sich der Praxisbezug des Studiums noch weiter profilieren und ausbauen ließe. Den Lösungsweg hin zu einem erfolgreichen Berufseinstieg sehe ich jedoch an anderer Stelle: Ihrem Selbstverständnis als Soziolog:in. Denn sobald Sie wissen, was die Soziologie, Ihre erste berufliche Heimat, auszeichnet und was sie zu leisten vermag, werden Sie sie als Pfund in Bewerbungsgesprächen und einer langen Berufslaufbahn einsetzen können.

Stefan Kühl und Veronika Tacke (2004) haben darauf hingewiesen, dass man die Verwertbarkeit des Soziologiestudiums am Arbeitsmarkt nur dann solide einschätzen kann, wenn man an das Fach den gleichen Maßstab anlegt wie an Professionen. Sie bedienen sich daher einer »*als-ob*-Annahme« (72, Herv. i. O.). In dieser Perspektive können sie die Ausbildung an Universitäten dann daraufhin befragen, ob diese angemessen auf die Berufspraxis vorbereitet und die besondere Qualität soziologischer Expertise bestmöglich zum Einsatz kommt. Was Kühl/Tacke für die Konzeption von Lehrveranstaltungen und Studiengängen vorschlagen, können Sie auf die Praxis des Studierens und Arbeitens übertragen: Tun Sie so, als wäre die Soziologie eine Profession wie andere auch. Stellen Sie die Besonderheiten Ihrer soziologischen Expertise offensiv heraus.

Worin besteht der Vorteil einer professionellen Haltung?

Die Ergebnisse aus der soziologischen Professionsforschung stützen die These, dass die Absolvent:innen von Studiengängen einen großen Anteil daran haben, wie es um ihr berufliches Ansehen bestellt ist. Professionen sind »keine zeitunabhängigen, unveränderlichen Größen oder starre Formationen, sondern wandelbare Phänomene, die sich unter bestimmten gesellschaftlich-historischen Bedingungen und in der Auseinandersetzung unterschiedlicher Akteure gebildet und entwickelt haben. Sie sind durch Veränderungen in den Kontextbedingungen der jeweiligen Gesellschaft beeinflussbar« (Kaelble/Borgetto 2016: 385). Professionen müssen sich daher immer wieder erneut gesellschaftlichem Wandel anpassen. Sie können in diesem Aushandlungsprozess erfolgreich sein, ebenso aber auch an Einfluss einbüßen. Die Soziologie spricht in diesem Fall, der dann auch die einzelnen Erwerbskarrieren trifft, von einer »Deprofessionalisierung«.

Berufliche Reputation

Neben den Verbänden sind es folglich die Angehörigen der Profession, d. h. die Professionellen selbst, die aktiv die Abgrenzung und Schließung gegenüber anderen Gruppen am Arbeitsmarkt vorantreiben. Indem sie sich an die festgelegten Standards halten und deren Einhaltung in ihrem beruflichen Umfeld kontrollieren, sichern sie

Abgrenzung

nicht nur eine angemessene Bewertung ihrer Leistung ab, sondern auch ihren eigenen Status und den der Profession. Dies ist eine fortwährende Aufgabe. Verzichten Absolvent:innen hingegen auf eine Nennung ihrer professionellen Heimat, d. h. des Studienabschlusses, oder distanzieren sich gar von den Inhalten des Studiums, dann beschädigt dies nicht nur das Fach, sondern entwertet auch die eigene Qualifikation und schwächt den beruflichen Status. Die negativen Effekte auf die Anerkennung und Absicherung nachfolgender Generationen wären absehbar.

Professionelle Berufspraxis

Beziehen Sie sich hingegen offensiv auf Ihre Heimatdisziplin, dann profitieren Sie auch von deren Reputation. Zwar haben Sie, wenn Lai:innen ›soziologisieren‹ und Ihnen Ihr Terrain streitig machen, keine formal-rechtlichen Sanktionsmöglichkeiten, jedoch können und sollten Sie die Einhaltung von Standards jederzeit offensiv einfordern. Sie sollten z. B. hinterfragen, ob Analysen oder Konzepte den aktuellen Forschungsstand berücksichtigen oder ob Erhebungen den vom Fach definierten Maßstäben entsprechen. Treten Sie allerorts als Vertreter:in des Fachs auf und ziehen Sie eine Kontrolle des (eigenen und fremden) Tuns ein, wie es für Professionen kennzeichnend ist. Auf diese Weise wird aus der »*als-ob*-Annahme« eine Realität und eine konkrete professionelle Berufspraxis.

Um ein solches professionelles Selbstverständnis aufzubauen, sind nun viele Fragen zu klären: Welches Monopol können Soziolog:innen für sich beanspruchen? Wozu sind nur sie befähigt bzw. besonders geeignet? Die Wissensbestände der Soziologie sind nicht nur weit in die Praxis vorgedrungen, sondern auch von anderen Wissenschaften aufgegriffen und dort wiederum in die Ausbildung integriert worden. Die Kenntnis einzelner Theorien oder methodisches Knowhow reichen daher kaum aus, um eine besondere Expertise der

Soziologie zu untermauern. Was muss hinzukommen, damit Sie Ihr Studienfach als Trumpf einsetzen können?

Am Ende dieser Handreichung werden Sie eine Antwort hierauf parat haben. Damit dies gelingt, finden Sie am Ende der Kapitel eine kurze Sammlung einiger besonderer, speziell auf das Fach bezogener Kompetenzen. Diese Listen umfassen stets nur eine kleine Auswahl exklusiver Fähigkeiten, die sich aus der Auseinandersetzung der hier diskutierten Forschungsergebnisse des Fachs ergeben. Sie sind aber als Fundament geeignet, auf das Sie im Verlauf des Studiums Ihre eigenen Bausteine setzen.

✓ Sie verfügen über Expertise zur individuellen und gesellschaftlichen Bedeutung von Berufen,

✓ zur Geschichte und Entwicklungsdynamik von Professionen und deren Platzierung am Arbeitsmarkt,

✓ zu Abgrenzungsprozessen und Verteilungskämpfen in einem (und so auch dem eigenen) Berufsfeld,

✓ zu Wettbewerb und Konkurrenz, deren Dynamiken und Ursachen,

✓ zu Akteur:innen und Institutionen sowie deren Einfluss auf den Status und die Anerkennung von Berufen und Professionen sowie

✓ zum Zusammenhang von beruflichem Handeln der Einzelnen und der Reputation eines Studienfachs und seiner Absolvent:innen.

✓ Sie wissen um die Wirkung soziologischer Forschung auf die Gesellschaft und

✓ erkennen die Pluralität der soziologischen Theorien und Methoden als Gewinn für deren Verständnis.

Im nächsten Schritt möchte ich nun die Phase des Berufseinstiegs in den Blick nehmen. Dieser liegt, chronologisch betrachtet, zwar hinter dem Studium, doch sollten Sie schon während der Ausbildung eine Vorstellung davon haben, worum es bei dieser Etappe im Lebenslauf geht.

3. Der Berufseinstieg
... ist langfristig vorzubereiten

Sie stellen sich (und den Lehrenden) berechtigterweise die Frage, welche Berufsfelder für Sie in Frage kommen und auf welche Stellenausschreibungen Sie sich bewerben können. Hierauf lässt sich keine pauschale Antwort geben. Nicht umsonst sprechen die Arbeitsmarkt- und
Berufsforschung von einer »Schwelle«, die zu überschreiten ist – und
die sich auch als Hürde erweisen kann. Dies kann formale Gründe haben, wenn etwa ein Abschluss fehlt; es kann aber auch mit dem Profil
der konkreten Person zu tun haben. Es lohnt sich daher, die Phase
des Berufseinstiegs genauer in den Blick zu nehmen und zu klären,
was sich in diesem Übergang von der Hochschule in den Arbeitsmarkt
abspielt. Erst mit diesem Wissen ›im Gepäck‹ lässt sich später eine
Antwort auf die Frage nach geeigneten Einsatzbereichen für Sozio-
log:innen geben (→ Kap. 5).

Grundsätzlich ist mit dem Abschluss des Studiums der Zugang zu
einer bezahlten Erwerbsarbeit geebnet. Dies kann irgendeine Tätigkeit sein, aus der sich ein Einkommen generieren lässt – im Idealfall
jedoch handelt es sich um eine ausbildungsadäquate Beschäftigung.
Letztere bietet gute Voraussetzungen dafür, dass Sie das Gelernte
auf die Prozesse im Praxisfeld anwenden können und nicht unter-
fordert sind. Auch dürfte mit einem solchen Einstieg gesichert sein,
dass Sie ein dem akademischen Abschluss entsprechendes Einkom-

Schwelle zum Arbeitsmarkt

Statuspassage

Ausbildungsadäquate Beschäftigung

Aufgabenprofile und formale Abschlüsse stehen in Zusammenhang. Man kann die Adäquanz an eine fachliche bzw. inhaltliche Passfähigkeit knüpfen, ebenso aber auch an die Position oder Honorierung. Ist im öffentlichen Dienst genau festgelegt, wofür welche Abschlüsse erforderlich sind und wie Beschäftigte ›eingruppiert‹ werden, legen dies in der Privatwirtschaft Tarifverträge oder die jeweiligen Arbeitgeber:innen fest. Übersteigt das Angebot an Arbeitskräften die Nachfrage, sind Arbeitssuchende oft gezwungen, eine Beschäftigung unterhalb ihrer Qualifikation anzunehmen oder anspruchsvollere Aufgaben ohne entsprechende Honorierung zu erledigen. In beiden Fällen entspricht die Beschäftigung nicht dem mit der Ausbildung erworbenen Niveau.

men erhalten und sich Optionen für beruflichen Aufstieg ergeben. Der Forschungsstand der Soziologie liefert gleichwohl eine Fülle von Beispielen dafür, dass sich Übergänge im Lebenslauf als heikel erweisen können. Insbesondere der Wechsel von der Ausbildung in den regulären Arbeitsmarkt markiert eine »status passage« (Glaser/Strauss 1971), weil sich hier entscheidet, wo sich Absolvent:innen positionieren können und welche weiteren Türen ihnen damit offenstehen – oder dauerhaft verschlossen bleiben.

Übergänge   In der Phase des Übergangs erweist sich der Faktor »Zeit« als einflussreich: Je länger sich der Einstieg in das neue Tätigkeitsfeld hinauszögert, desto schwieriger kann es werden, sich ausbildungsadäquat zu platzieren. Viele Arbeitgeber:innen zeigen sich heutzutage aufgeschlossen, sich auf weniger stringente Lebensläufe von Bewerber:innen einzulassen. Wenn ich mit Personalverantwortlichen spreche, dann höre ich häufig, dass ein Praktikum im Ausland, ein ehrenamtliches Engagement oder auch eine Weltreise als »persönlichkeitserweiternd« anerkannt werden und »kein grundsätzliches Hindernis für eine Anstellung« sind. Liegt der Ausbildungsabschluss jedoch länger zurück oder wurde zwischenzeitig eine fachfremde Tätigkeit ausgeübt, sei dies hingegen »gut zu begründen«. Sie sollten daher, so der Rat der Expert:innen, in Bewerbungsschreiben und Vorstellungsgesprächen offen ansprechen, warum Sie sich für welche

Zwischenstationen entschieden haben und welche Erfahrungen Sie
aus dieser Zeit mitnehmen.

Durch die Erhöhung der Regelaltersgrenze für den Renten-   Aktualität
des Wissens
eintritt von zuvor 65 auf 67 Jahre (für ab 1964 Geborene) und den
Wegfall von Wehrpflicht bzw. Zivildienst haben sich auch für
Hochschulabsolvent:innen die Lebensarbeitszeiten verlängert. Viele
Studierende sind auf BAföG-Unterstützung angewiesen und an-
gehalten, die Regelstudienzeit einzuhalten. Umwege oder Unter-
brechungen können jedoch auch Vorteile in sich bergen. Berufliche
Ambitionen lassen sich zumeist leichter klären, wenn man Erfahrungen auch jenseits der Universität sammelt und die Gelegenheit
nutzt, in andere Fächer ›hineinzuschnuppern‹ oder sich hochschul-
politisch zu engagieren, auch wenn dies die Studienzeit verlängert.
Dennoch sind auch Schließungsprozesse bekannt, weil vielerorts
noch immer lückenlose Lebensläufe hoch im Kurs stehen. Personal-
verantwortliche setzen, sofern sie nicht erfahrene Praktiker:innen,
sondern Hochschulabsolvent:innen suchen, auf einen aktuellen
Kenntnisstand. Sie wollen »frisches Wissen von der Uni« einwer-
ben. Weitere Ausbildungen oder Praxiserfahrungen müssen hier
kein Hindernis sein, doch wird der Abschluss in Soziologie dann
Teil eines Gesamtpakets, das Sie anbieten. Es empfiehlt sich deshalb, den an der Hochschule erworbenen Wissensschatz fortwährend zu aktualisieren und dies in Bewerbungsverfahren auch zum
Ausdruck zu bringen.

Mit dem ersten Hochschulabschluss stehen Sie an einer Weg-
gabelung:

Weiterstudieren? Weiterqualifizieren? Pausieren?
Oder direkt bewerben?

Lebensplanung   Ein Studium eröffnet zahlreiche Optionen und Spielräume für eigene Akzentsetzungen. Dies bedeutet jedoch zugleich, eine Entscheidung treffen und Verantwortung für die Konsequenzen übernehmen zu müssen, dabei aber in vielfältige Abhängigkeiten verstrickt zu sein. Sie sind also auch ganz persönlich in ein Paradox der Modernisierung involviert, hier bezogen auf die Dimension der Individualisierung. Ulrich Beck hat mit seinem Buch »Risikogesellschaft« (1986) auf derlei Nebenfolgen der Modernisierung hingewiesen, zu denen auch zählt, dass Freiheitsgewinne mit neuen Zwängen einhergehen. Peter Gross (1985) sprach zeitgleich von einer »Bastel-Mentalität«, da sich die Gestaltungsanforderungen deutlich erhöhen. Diese Metapher wurde vielfach aufgegriffen; die Rede war z. B. von der »Bastelbiographie« (Beck/Beck-Gernsheim 1993) oder der »Bastelexistenz« (vgl. auch Hitzler/Honer 1994). Unisono lautete die Diagnose: Menschen können nicht nur, sondern sie müssen ihr Leben aktiv planen, und dies unter zuweilen sehr unsicheren Bedingungen. G. Günter Voß sensibilisierte daher bereits 1991 in seinem Buch »Lebensführung als Arbeit« für die Gestaltungsleistungen der Einzelnen. Empirische Evidenz hierfür lieferte ein Sonderforschungsbereich der DFG (Projektgruppe »Alltägliche Lebensführung« 1995). Empirische Forschungen über soziale Milieus (z. B. Vester et al. 1993) konnten wie-

Individualisierung

Die Soziologie setzt sich seit ihrer Gründung mit der Frage auseinander, welchen sozialen Einflüssen menschliches Handeln unterliegt. So veranschaulicht z. B. schon Georg Simmel in seinem Aufsatz »Die Großstädte und das Geistesleben« (1995 [1903]), dass, wenn sich der Einfluss einzelner sozialer Gruppen abschwächt, immer weitere »soziale Kreise« entstehen, deren Schnittmenge das Individuum bilde. Mit erhöhter Komplexität des Sozialen gewinne daher die Individualität an Bedeutung.

derum auf den anhaltenden Einfluss der Herkunft und der Sozialstruktur hinweisen.

Exemplarisch an solchen älteren Konzepten und Erhebungen **Bildungsexpansion**
zeigt sich, dass die Soziologie schon seit vielen Jahrzehnten einen
Beitrag dazu liefert, den gesellschaftlichen Wandel hinsichtlich seiner Ursachen und Folgen zu erhellen. Bezogen auf die Berufswahl
ist der Forschungsstand des Fachs nicht minder beeindruckend. Er
zeigt, dass noch bis in die 1970er Jahre der Einfluss des Elternhau-
ses auf die Berufswahl ausgesprochen groß war (vgl. als Überblick
z. B. Böhnisch 2016). Erst im Jahr 1958 wurde ein Gesetz abgeschafft,
dass Frauen die Aufnahme einer Erwerbstätigkeit nur dann gestattet, wenn der Ehemann seine Zustimmung erteilt. Und noch bis 1977
konnte in Westdeutschland eine Frau laut Bürgerlichen Gesetzbuch
(BGB) nur dann berufstätig sein, wenn dies »mit ihren Pflichten in
Ehe und Familie« vereinbar war. Derlei patriarchalen Prinzipien des
Rechtssystems war Marianne Weber schon Anfang des 20. Jahrhunderts soziologisch auf den Grund gegangen. Die Studierenden- und
Frauenbewegungen der 1960er und 70er Jahre, vor allem aber auch die
Bildungsexpansion und der Ausbau der Hochschulen trugen dazu bei,
dass sich die Erwerbssphäre weiter veränderte. Waren Frauen in der
DDR umfassender in das Erwerbssystem eingebunden und öffentliche Angebote deshalb auf eine ganztägige Betreuung (sogar für Klein-
kinder) ausgerichtet, stieg die Erwerbsquote in Westdeutschland erst
über die Jahrzehnte hinweg stetig an; das Betreuungsangebot weist
hier bis heute noch eklatante Lücken auf.

Dies alles trug dazu bei, dass neue Berufe entstanden, sich Aus- **Wertewandel**
bildungscurricula veränderten und Erwerbsverläufe ausdifferenzier-
ten. Auch der Wertewandel, den die Soziologie in den 1980er Jahren
für Westdeutschland identifiziert hatte (z. B. Klages 1984), beförderte
die Dynamik: Nach der erfolgreichen Wiederaufbauphase nach dem

Normative Subjektivierung der Arbeit

War Erwerbsarbeit in den Nachkriegsjahrzehnten primär auf die Existenzsicherung ausgerichtet, mehrten sich in den 1980er Jahren Hinweise auf neue Zielsetzungen und Ansprüche von Beschäftigten: Die Arbeit sollte auch der Selbstverwirklichung dienen. Dass dies keineswegs nur für Hochqualifizierte oder Büroarbeit galt, belegten Studien der Frauenarbeitsforschung: Die von Regina Becker-Schmidt et al. (1982) befragten Industriearbeiterinnen konnten auch der monotonen Fließbandarbeit viel abgewinnen, weil diese, im Unterschied zur Hausarbeit, sichtbar war, bezahlt wurde und soziale Kontakte ermöglichte.

Selbstwirksamkeit

Der Psychologe Albert Bandura (1977) fand heraus, dass die Erwartungen der Menschen und ihre Einschätzung der eigenen Kompetenzen erheblichen Einfluss darauf haben, was sie leisten können. Die Erfahrung des Gelingens stärkt wiederum das Vertrauen in die eigenen Fähigkeiten und erhöht das Wohlbefinden. Sein Konzept zur »Selbstwirksamkeitserwartung« ist daher aktueller denn je, wenn heute über Themen wie Arbeitszufriedenheit, Überforderung oder Resilienz (Widerstandsfähigkeit) diskutiert wird.

Krieg waren Werte wie Frieden und wirtschaftliche Existenzsicherung weiterhin bedeutsam, büßten jedoch an Priorität ein. Statt Pflichterfüllung wünschten sich viele Menschen mehr Gestaltungsspielräume – für die Lebensplanung, aber zunehmend auch für die Erwerbstätigkeit. Martin Baethge sprach von einer »normativen Subjektivierung der Arbeit« (1991). Selbstentfaltung war und ist das Thema der Zeit (s. als Überblick Kleemann 2012). Angesichts der Dynamik des Wandels stießen die Diagnosen der Soziologie auch bei Praktiker:innen auf offene Ohren und wurden für die Gestaltung des Bildungssystems und der Arbeitswelt genutzt.

Mit diesem Wissen um die Bedeutung des Berufseinstiegs sind Sie darauf vorbereitet, dass die Bewältigung und konkrete Ausgestaltung dieser Etappe Einfluss auf Ihre spätere berufliche Tätigkeit und den weiteren Verlauf des Erwerbslebens nimmt. Entspricht die Anstellung dem Ausbildungsniveau, verbessert dies die Chance auf einen vergleichsweise hohen Grad an Autonomie. Die Berufstätigkeit bringt zwar besondere Herausforderungen mit sich, stiftet aber auch Erfahrungen von Selbstwirksamkeit, und ist damit eine wichtige Komponente von Arbeits-

und Lebenszufriedenheit. Soziologische Studien belegen zudem, dass sich über den Status auch entscheidet, ob und wie sich private Bedürfnisse und Interessen einbringen und durchsetzen lassen, etwa zur Vereinbarkeit von Beruf und Familie oder flexiblen Zeitgestaltung für Hobbies. In einem langwährenden Berufsleben sind all solche Aspekte bedeutsam (→ Kap. 7).

Ein Vorteil der nur sechssemestrigen B. A.-Studiengänge liegt darin, dass Absolvent:innen bereits nach drei Jahren einen akademischen Abschluss erwerben, mit dem sie in den Arbeitsmarkt einsteigen können. Weitere berufliche Ausbildungen können anschließend schneller durchlaufen werden. Zudem ist die Aufnahme eines Masterstudiums möglich. Viele attraktive Positionen am Arbeitsmarkt setzen noch immer einen M. A.-Abschluss voraus und bieten, der höheren Qualifikationsstufe entsprechend, bessere Einkommens- und Aufstiegschancen (→ Kap. 5). In Anbetracht der Ergebnisse der Berufs- und Professionssoziologie (→ Kap. 2) können Sie sich darauf einstellen, dass die Anerkennung Ihres Abschlusses, Ihrer beruflichen Arbeitsleistung und Ihres Studienfachs in Zusammenhang stehen: Sie profitieren bei Bewerbungen von der Reputation der Soziologie, und Sie steigern wiederum deren Ansehen, wenn Sie in der Berufspraxis Ihr Können überzeugend unter Beweis stellen. Dies setzt allerdings voraus, dass Sie sich offensiv auf Ihr Studienfach beziehen.

Akademischer Abschluss

Mit welcher Haltung gehen Sie an die Dinge heran?

Dass es keine leichte Aufgabe ist, ein professionelles Selbstverständnis zu entwickeln, ist Ihnen inzwischen bekannt. Die Soziologie ist ein »polyzentrisches Fach« (Hirschauer 2021: 51), d. h. sie bietet Ihnen verschiedene Bezugnahmen und Schwerpunktsetzungen an, aus denen Sie, ich werde darauf noch eingehen, selbst eine Auswahl tref-

Professionelles Selbstverständnis

Max Weber: Wissenschaft als Beruf

In diesem Vortrag geht Weber mit der Rolle der Lehrenden ins Gericht. Er war überzeugt, dass »der Prophet und der Demagoge nicht auf das Katheder eines Hörsaals gehören« (1995 [1919]: 30). Diese Position erklärt sich auch jenseits seiner Aussagen zur Werturteilsfreiheit, denn Weber hatte hier vor allem das Machtgefälle zwischen den Beteiligten im Blick, das jede offene Kontroverse überschattete: Ein Austausch auf Augenhöhe könne im Hörsaal, anders als im öffentlichen Diskurs, nicht geführt werden.

fen müssen (→ Kap. 4). Damit rückt erneut Ihre Haltung zum Fach in den Blick. Hier hilft ein wiederholter Rekurs auf Weber weiter: Tenbruck (1995: 52) resümiert, dass arbeitsbezogene Gesinnungen in Webers vielzitiertem Buch »Die Protestantische Ethik und der Geist des Kapitalismus« eine derart prominente Rolle einnehmen, dass es auch den Titel »Arbeit als Beruf« hätte tragen können. Dezidierte Bezüge auf die berufliche Tätigkeit von Akademiker:innen finden sich in Webers Vortrag über »Wissenschaft als Beruf« (1995 [1919]). Dieser Text wird oft herangezogen, um ein potenzielles Berufsfeld für Absolvent:innen vorzustellen, doch geht es Weber hier primär um etwas Anderes. Seine Aufmerksamkeit und Neugier gelten der Haltung, mit der Menschen in diesem Feld tätig sind.

Reflexion   Weber kam zu dem Schluss, dass man eine bestimmte »Persönlichkeit« (Weber 1995 [1919]: 15) brauche und sich für »Standpunkte zum Leben« (39) entscheiden müsse. Er sprach daher vom »*inneren Berufe zur Wissenschaft*« (11, Herv. i. O.). Wissenschaft (und folglich auch Soziologie) zu betreiben, bedeutete für ihn, »*unbequeme Tatsachen*« (32, Herv. i. O.) anzuerkennen, also auch solche, die eigenen Meinungen, Werthaltungen und Überzeugungen zuwiderlaufen. Weber gibt Ihnen damit den Hinweis mit auf den Weg, dass es für die Berufsausübung zu reflektieren gilt, in welcher Haltung man dieser nachgeht – und dass ein Beruf mehr ist als bloße Existenzsicherung, sondern einer besonderen Gabe und Hingabe bedarf. Verknüpfen Sie diese Einsicht mit den Erkenntnissen der Berufs- und

Professionssoziologie, dann lässt sich erkennen, dass Ihr berufliches
Selbstverständnis als Moderator fungiert: Es leitet gleichsam an, wie
Sie Soziologie betreiben und wie Sie in der Praxis auftreten werden.
Welche Seminare Sie auswählen, welche Fragestellung Sie für Ihre
Abschlussarbeit wählen oder welches Praxisfeld Sie ansteuern – dies
alles wird in beachtlichem Maße davon beeinflusst, wie Sie sich zu
den Erkenntnissen der Forschung und zum Untersuchungsgegen-
stand »Gesellschaft« stellen. Welche Theorien und Konzepte teilen
Sie? Welche Erklärungsansätze und Methoden sind die für Sie plau-
sibelsten? Sie müssen also im Verlauf des Studiums klären, warum
Sie in welcher Weise Soziologie betreiben und was Ihre persönliche
Haltung auszeichnet.

Die Soziologie ist eine Wissenschaft, die seit ihrer Gründung dem   *Identitätsbildung*
Ziel verpflichtet ist, den Zusammenhang zwischen dem Handeln
Einzelner und dem Kollektiv »Gesellschaft« zu ergründen. Haltungen und Sichtweisen von Menschen, und so auch
deren Selbstbild und Selbstverständnis, zählen zu
ihren Schwerpunkten. Wie das Soziale interpre-
tiert und verarbeitet wird und inwiefern dies wiederum die Subjektkonstitution beeinflusst, wurde
und wird daher in zahlreichen Studien untersucht.
Ein in diesem Zusammenhang prominent behan-
deltes Thema ist die »Identität«. George Herbert
Mead (1991 [1934]) ist die Erkenntnis zu verdanken, dass Identität vermittelt über Interaktionen
entsteht. Einflussreich für die Entwicklung des
Kindes seien hier zunächst die Nahbeziehungen,
später treten die »generalisierten Anderen« auf
den Plan. Mead begreift Identität dynamisch,
weil sich mit der Veränderung von Interaktions-

> **Identität**
> Viele soziologische Identitäts-
> konzepte rekurrieren auf den Psy-
> choanalytiker Erik H. Erikson, der
> folgende Definition liefert: »Das
> bewußte Gefühl, eine persönliche
> Identität zu besitzen, beruht auf
> zwei gleichzeitigen Beobachtun-
> gen: der unmittelbaren Wahrneh-
> mung der eigenen Gleichheit und
> Kontinuität in der Zeit, und der da-
> mit verbundenen Wahrnehmung,
> daß auch andere diese Gleichheit
> und Kontinuität erkennen« (Erik-
> son 1997 [1966]: 18).

kontexten auch die Identität verändere. Sie sei daher, dies hat auch
Erik H. Erikson (1997 [1966]) betont, nicht statisch zu denken, sondern modifiziere sich im Verlauf des Lebens, abhängig von den jeweiligen Bedingungen und Interaktionserfahrungen.

Identität gilt, gerade im Alltagsverständnis, als Indikator einer
besonderen Einzigartigkeit des konkreten Menschen. Die Soziologie
spricht hier auch von Individualität. Diese dient, wie Pierre Bourdieu
(1996 [1979]) umfassend untersucht hat, zur Distinktion, zur Abgrenzung von anderen. Menschen bemühen sich daher, ihr Bild von sich
selbst, auch in dynamischen Kontexten, möglichst positiv zu gestalten,
für sich selbst, ebenso aber auch gegenüber anderen. Lothar Krappmann (2005 [1969]) spricht deshalb von einer »balancierenden Identität«, die, wie auch Erikson thematisierte, zwischen der persönlichen
und einer sozialen Identität vermittelt: »Es wird also zugleich gefor-
dert, so zu sein wie alle und so zu sein wie niemand. Auf beiden Dimensionen muß das Individuum balancieren, weil es, um Interaktion
nicht zu gefährden, weder der einen noch der anderen Aufforderung
noch beiden voll nachgeben kann, noch sie gänzlich verweigern kann«
(Krappmann 2005 [1969]: 78). Identität ist daher ein zugleich flexibles
wie stabilisierendes Konstrukt. Sie ermöglicht Anpassung, erzeugt
aber auch Konsistenz und Stimmigkeit. Sie bildet sich in einvernehm-
lichem Austausch mit anderen heraus, ebenso aber in Opposition.

Das Studium als Phase der Identitätsbildung?

Sozialer Kontext   Aus den referierten Erkenntnissen lässt sich schnell schlussfolgern,
dass sich die Identität insbesondere während der Übergänge im Lebenslauf nochmals wandelt, also etwa beim Wechsel von der Schule
an die Universität, vom Elternhaus in die Wohngemeinschaft oder
von der Universität ins Berufsleben. In diesen Phasen setzt sich die

soziale Seite in Bewegung, wenn neue Interaktionspartner:innen auf den Plan treten, die andere, möglicherweise befremdliche Wertvorstellungen vertreten und eine Auseinandersetzung mit den eigenen Werten anstoßen. Gelingt es der Person nicht, hier Stimmigkeit zu erzeugen, kann sie die Situation durch soziale Distanzierung oder Rückzug auflösen; die Spielräume hierfür sind jedoch, nicht nur im Berufsleben, eingeschränkt. Krappmann (2005 [1969]) zeigt sich daher skeptischer als Erikson. Er hält gesellschaftliche Strukturen für potenziell identitätsbedrohend und spürt daher den Kompetenzen nach, die es in solchen Phasen zur Stabilisierung der Identität braucht. Eine realistische, aber auch angemessen positiv gefärbte Selbstwahrnehmung scheint ihm besonders förderlich. Im Wissen um Banduras Konzept der Selbstwirksamkeitserwartung ist diese Empfehlung nur plausibel.

Identität speist sich aus allen vergangenen und aktuellen Erfahrungen der Person, d.h. sie ist folglich nicht auf Erlebnisse in nur einem Lebensbereich beschränkt. Gleichwohl misst die Forschung der Erwerbsarbeit eine besondere Bedeutung bei. Da mit dem Einstieg ins Berufsleben zumeist eine Vollzeitbeschäftigung aufgenommen wird, füllt diese rein quantitativ bereits einen großen Teil des Alltags aus. Zudem sind mit einer Erwerbstätigkeit zahl- und facettenreiche Interaktionen verknüpft, etwa mit Kolleg:innen, Vorgesetzten oder auch Kund:innen und Klient:innen. Da die Erwerbssphäre hochgradig arbeitsteilig organisiert ist, unterscheiden sich Berufstätige hinsichtlich Qualifikation und konkreter Zuständigkeit sowie Arbeitserfahrung. Im Berufseinstieg fühlen sich daher viele Absolvent:innen zunächst ›fremd‹ an ihrer neuen Wirkungsstätte. Dieser Eindruck hält meist nicht lange an, da ein Prozess der beruflichen Sozialisation einsetzt, in dem Bekanntes und Bisheriges mit dem Neuen verknüpft wird und in einer beruflichen Identität mündet. Diese

Berufliche Identität

lässt sich mit Klaus Hurrelmann (2002) als eine auf die Erwerbsarbeit bezogene Realitätsverarbeitung begreifen. Zahlreiche soziologische Studien haben ausgeleuchtet, wie und wodurch berufliche Identität beeinflusst wird und welcher Stellenwert ihr hinsichtlich der Handlungspraxen von Erwerbstätigen zukommt.

Eigener Standpunkt

Führen Sie die Erkenntnisse über Identitätsbildung zusammen, erkennen Sie auch im Studium eine besondere Phase im lebenslangen Sozialisationsprozess. Mit dem Abschluss in Soziologie liegt eine mehrjährige Zeit des Überdenkens der eigenen Sicht auf Gesellschaft hinter Ihnen: Kein Referat, keine Hausarbeit und keine Erhebung von Daten kommt ohne Reflexion der eigenen Haltung aus. Die Kenntnis des eigenen Standpunktes ist unabdingbar, um persönliche Meinung und wissenschaftliche Erkenntnis sorgfältig trennen und das Studium erfolgreich absolvieren zu können. »Identitätsarbeit« findet daher bereits während der gesamten Ausbildung statt.

Handlungskompetenz

In den Beschreibungen der Studiengangskonzepte werden Sie explizite Hinweise auf eine spezifische »Fachidentität« finden, die durch das Studium an der Universität aufgebaut werden soll. Gemeint ist hier eine besondere, durch die Ausbildung erworbene Handlungskompetenz, die zur Bewältigung bestimmter Aufgaben nötig ist. Es handelt sich somit um eine professionelle Fachidentität, die sich im Arbeitsalltag als Ressource nutzen lässt; zugleich aber wird diese Kompetenz auch von anderen aufgrund von Abschlüssen oder Zertikaten zugeschrieben (vgl. Pfadenhauer/Sander 2010). Dieses Vertrauen anderer, hier lässt sich erneut auf Bandura rekurrieren, stärkt wiederum auch das Zutrauen der Handelnden in die eigenen Fähigkeiten.

Steuerung des Arbeitsprozesses

In Kenntnis all dieser Befunde der Soziologie können Sie, im Unterschied zu den Absolvent:innen vieler anderer Studiengänge, angemessen reflektiert ins Berufsleben einsteigen. Sie sind zudem darauf vorbereitet, dass Sie in einen neuen Interaktionskontext eintreten, der sich in vielerlei Hinsicht von der Hochschule unterscheidet. Klare Aufgabenteilung und hierarchische Strukturen finden sich auch hier, doch ist Ihr konkreter Beitrag, auch wenn es nicht mehr um Credits und Noten geht, einer veränderten Kontrolle ausgesetzt. Mit dem Arbeitsvertrag unterliegen Erwerbstätige dem Weisungsrecht ihrer Arbeitgeber:innen, die z. B. darüber entscheiden, ob Sie ein eigenes Büro, einen eigenen Schreibtisch oder keines von beiden erhalten. Viele konkrete Aspekte der Erwerbstätigkeit sind über das Arbeitsrecht, Tarifverträge oder Betriebsvereinbarungen geklärt. Die Steuerung des konkreten Arbeitsprozesses findet in den akademischen Berufen jedoch weniger über eine engmaschige Kontrolle einzelner Schritte durch Vorgesetzte statt, sondern über Zielvereinbarungen. Die Arbeitssoziologie spricht hier von einer »dezentralen Steuerung« (s. als Überblick Sauer 2018). Wir stoßen also auf eine bekannte Widersprüchlichkeit: Gestaltungsfreiräume in der Arbeitsausführung haben in vielen Berufen und insbesondere für Hochqualifizierte zugenommen, doch sind Leistungserwartungen damit nicht verschwunden. Für den Arbeitserfolg sind nunmehr die Einzelnen selbst verantwortlich (→ Kap. 7).

Damit lässt sich die Liste der Fähigkeiten, die Ihnen das Studium der Soziologie vermittelt und die für die spätere Praxis relevant werden, weiter ergänzen:

- ✓ Sie wissen um die fortwährende Sozialisation des Menschen,
- ✓ die Brisanz von Übergängen im Lebenslauf,
- ✓ den Einfluss des Status auf Gestaltungsoptionen und beruflichen Aufstieg,
- ✓ die Ambivalenz von Freiheit und Zwang und
- ✓ den Einfluss von Selbstwirksamkeitserwartungen auf die Leistung.

✓   Sie erkennen, dass das professionelle Selbstverständnis als ›Moderator‹ für die Bewertung jeder Profession und ihrer Vertreter:innen fungiert, und

✓   Ihnen ist bekannt, dass Gesinnungen das eigene Arbeitshandeln ebenso die Einstellungen und Kooperationsweisen anderer beeinflussen.

Damit verfügen Sie über Kenntnisse, die Ihnen dabei helfen, wichtige Statuspassagen im Lebenslauf zu bewältigen. Darüber hinaus erhalten Sie Hinweise darauf, mit welchen Herausforderungen alle Erwerbstätigen umgehen müssen, und dass dies wiederum Einfluss auf die konkreten Interaktionen am Arbeitsplatz nach sich ziehen wird. Nach diesen Vorklärungen kann es nun um die konkreten Einsatzbereiche für Soziolog:innen gehen, allerdings zunächst aus der Perspektive des Studiums. Die Frage, was Ihre Professionalität auszeichnet, sollten Sie dabei im Hinterkopf weiter mitlaufen lassen; ich werde ihr nun am Beispiel der Themenwahl im Studium weiter nachgehen.

4. Thematische Schwerpunkte
... sind richtungsweisend

Ein Bezug zu beruflichen Einsatzbereichen ist im Studium mit Prak- Studienaufbau
tika und Projekten gegeben, aber auch jenseits davon vorzufinden.
Veranstaltungen zu den Methoden der Sozialforschung vermitteln
an konkreten Phänomenen, wie Daten erhoben und ausgewertet werden; Vorlesungen und Seminare über Theorien greifen gesellschaftspolitisch brisante Fragen auf und erklären, wie sich mithilfe soziologischer Diagnosen soziale Dynamiken erhellen und bewerten lassen.
Spätestens im zweiten Studienjahr treten ergänzend die Speziellen
Soziologien auf den Plan, die Sie bereits als thematische Schwerpunkte des Fachs kennengelernt haben, und die sich auch in den Sektionen der DGS widerspiegeln (→ Kap. 2).

Für unsere Frage nach dem Praxisbezug des Studiums ist nun Spezielle
interessant, dass viele Lehrende in diesen inhaltlichen Clustern eine Soziologien
direkte Verbindungslinie hin zur Berufswelt sehen. So haben etwa
Hermann Korte und Bernhard Schäfers den 1993 von ihnen herausge-
gebenen Sammelband »Einführung in Spezielle Soziologien« bei der
zweiten Auflage umbenannt in »Einführung in Praxisfelder der Soziologie« (1997). Den Speziellen Soziologien und den im Studium behan-
delten Themen wird damit eine für die Berufsorientierung richtungs-
weisende Funktion zugesprochen. Im Folgenden möchte ich diesem
Hinweis aus dem Fach genauer nachgehen. Denn wenn diese Verbin-

dungslinie tatsächlich besteht und trägt, dann müsste die Empfehlung an Studierende lauten, sich vertiefend mit den inhaltlichen Schwerpunkten auseinanderzusetzen. Mittels der Themen des Fachs und der Speziellen Soziologien ließe sich dann Vergewisserung darüber verschaffen, welche Berufsperspektiven der Abschluss eröffnet.

Themen   Beginnen wir zunächst mit den Themen. Diese lassen sich am besten im Vorlesungsverzeichnis erkunden. Sichten Sie hier nicht nur die Einführungsveranstaltungen, sondern auch die Angebote für das zweite und dritte Studienjahr im B. A. und für die M. A.-Studiengänge. Auf diese Weise erhalten Sie an einem einzigen Semesterangebot Einsicht in die inhaltliche Palette Ihres Studienfachs. Die Lehrenden vor Ort sind in der Themenwahl für ihre Seminare weitgehend unabhängig, wie es der im Grundgesetz verankerten Freiheit von Wissenschaft und Forschung entspricht. Darüber hinaus lässt sich auch entlang der Aktivitäten Ihrer Dozent:innen gut auskundschaften, welche Fragen aktuell in der Soziologie und in der Gesellschaft verhandelt werden. War für solche Einschätzungen noch vor wenigen Jahrzehnten die zeitaufwendige Lektüre vieler Bücher nötig, so bieten heute Internetauftritte, Videos von Vorträgen und Podiumsdiskussionen, Podcasts oder Blogeinträge einen schnellen Zugriff. Anhand der diversen Veröffentlichungen können Sie sich vergleichsweise schnell einen Überblick darüber verschaffen, wie sich die Lehrenden (die immer auch Forschende sind) inhaltlich positionieren, welche Akteur:innen sie zu Debatten einladen oder welche Expertisen man bei ihnen in Auftrag gibt. Hieran können Sie erkennen, zu welchen Themen gesellschaftliche Verständigungsprozesse stattfinden, und wie sich Soziolog:innen mit Erhebungen, Analysen und beratender Begleitung einbringen. Über den Kontakt und die Zusammenarbeit mit Ihren Dozent:innen haben Sie insofern einen exzellenten Blick auf die Berufspraxis im Bereich »Forschung und Lehre«.

Was meint »Praxis«?

Um der praktischen Relevanz von Themen und Speziellen Soziologien Praxis
weiter nachgehen zu können, ist zunächst zu klären, was mit »Praxis« überhaupt gemeint ist. Im Zusammenhang mit der Berufsorientierung des Studiums sind hiermit zwei Ebenen angesprochen: zum
einen »Praxis« als eine berufliche Tätigkeit; zum anderen ein gesellschaftlicher Bereich, in dem diese stattfindet. Weit verbreitet sind
plakative Gegenüberstellungen von »Theorie« und »Praxis«: hier die
Wissenschaft und akademische Arbeitsweise, dort die praktische Tätigkeit in einem Berufsfeld. Solche schematischen Kontrastierungen
sind manchmal hilfreich, um die unterschiedlichen Ziele und Arbeitsweisen der Bereiche deutlich zu machen, doch sind die Abgrenzungen
keineswegs derart trennscharf. Im beruflichen Alltag kommen Theorien zur Anwendung, und auch das Entwerfen einer Theorie (ebenso
wie das Erheben von Daten oder das Studieren an sich) ist eine Praxis,
weil etwas zuvor Gelerntes angewendet wird.
Das Bildungssystem ist der Ort Ihrer Ausbildung, zugleich aber auch ein potenzieller
Beschäftigungssektor. »Praxis« ist folglich
nichts, was nur jenseits der Hochschule stattfindet oder zu dieser in Opposition steht.

Auch der in »Berufsfeldern« enthaltene
Begriff »Feld« meint in der Soziologie nicht
lediglich ein »Gebiet« oder einen »Bereich«.
Wenn die empirische Forschung sagt, sie
geht »ins Feld«, dann sind damit die natürli-
chen Lebensräume der befragten Personen
gemeint. Sie wird daher auch als »Feldfor-
schung« bezeichnet. Die soziologische Theo-

Begriffe

... dienen als Container, in denen die
Soziologie ihre Annahmen über das
Soziale verstaut. Als analytische Instrumente sind sie indes nur verwend-
bar, wenn ihre Definition geklärt ist.
Die Soziologie toleriert unterschiedliche Definitionen, was jedoch bedeutet, sich anschließen bzw. abgrenzen
zu müssen. In der Verwendung von Begriffen und Definitionen lernen Sie insofern, sich fachlich zu positionieren -
und werden unweigerlich Ihr eigenes
soziologisches Profil entwickeln.

rie wiederum zieht den Begriff zum Verständnis der Sozialstruktur
und der Gesellschaft heran. Pierre Bourdieu und Loïc J. D. Wacquant
(1996 [1992]) sensibilisieren mit »Feldern« für Statuskämpfe und Ver-
teilungskonflikte, die sich daraus ergeben, dass sich Gruppen bilden,
die eine exklusive Zuständigkeit für etwas reklamieren und Zuge-
hörigkeiten bzw. Ausschluss definieren. Sie nehmen mit dem Begriff
»eine Konfiguration von objektiven Relationen zwischen Positionen«
(127) in den Blick. Diese trete den Akteur:innen als verfestigte Struktur gegenüber und begrenze deren Handlungsspielräume. Niklas
Luhmann (1984) betont den Stellenwert von Kommunikationen für die
Entstehung, die Konsolidierung und den Fortbestand solcher Einhei-
ten. Er nennt diese »soziale Systeme«. Beide Ansätze, die Sie in Ihrem
Studium noch kennenlernen werden, weisen auf Abgrenzungen und
Schließungsmechanismen hin. Sie zeigen an, dass mit dem Berufseinstieg der Eintritt in ein spezifisches soziales Gefüge erfolgt, dessen
Gesetzmäßigkeit es zu begreifen lohnt. Soziolog:innen treten inso-
fern aufgeklärter als andere Berufsgruppen in ihre Erwerbslaufbahn
ein.

Inszenierung
der Profession

Für das Verständnis solcher Abgrenzungen und Schließungen,
die die Platzierung am Arbeitsmarkt beeinflussen, liefert Randall
Collins (2012 [1987]) wichtige Denkanstöße. In Rekurs auf Weber
fragt er, wie sich Professionen eine Vorrangstellung am Markt verschaffen. Dabei stellt er fest, dass alle Professionen fachliche Fertigkeiten erst in der Praxis erlernen müssen, d.h. auch die Absol-
vent:innen jener Fächer, denen eine ausgeprägte Berufsorientierung
zugeschrieben wird. Hinsichtlich der »Hoch-Professionellen« resümiert Collins, dass sich der herausgehobene Status und die Anerkennung dieser Gruppe primär nicht, wie häufig angenommen, über das
fachliche Wissen ergeben. Entscheidend sei vielmehr die gelungene
Inszenierung der jeweiligen Profession, die ihre Angehörigen über

diverse Rituale zu »Wahrzeichen« eines »heiligen Bereichs« (202) ma-
che. Dadurch würde es den Wissenschaften (und so auch ihren Absol-
vent:innen) gelingen, jenseits der akademischen Milieus zum »Objekt
verständnisloser Bewunderung« (204) zu werden. Praktiken der Abgrenzung und sozialer Status stehen daher für ihn in einem engen
Zusammenhang.

Mit den Studien von Collins ist ein erneuter Hinweis darauf gegeben, dass Sie als zukünftige Akademiker:innen durch eigenes Zutun, aber auch durch die Zugehörigkeit zum Fach eine herausgehobene Position am Arbeitsmarkt einnehmen können werden (→ Kap. 2).
Welche dies sein könnte, ist damit jedoch noch immer nicht geklärt.
Durch die Auskünfte des Studienportals und der Arbeitsagenturen
wissen Sie um ein breites Spektrum an Einsatzmöglichkeiten. Tatsächlich trifft man Absolvent:innen der Soziologie in der Wirtschaft
und in der öffentlichen Verwaltung, ebenso aber auch im Gesundheitswesen, in den Medien, der Kunst oder der Politik an. Gerade
diese Vielfalt lässt jedoch einige Studierende ratlos zurück. Deshalb
bleibt zu klären:

*Einsatzmöglich-
keiten*

Wie lässt sich das für Sie passende Berufsfeld identifizieren?

Alle, die nach dem Abschluss in der wissenschaftlichen Forschung
verbleiben wollen, dürften diese Frage schnell beantworten können.
Denn diese berufliche Tätigkeit ist, wie das Studium, vom wissenschaftlichen Arbeiten geprägt. Sie werden somit in einen Arbeits-
kontext eintreten, dessen Ziele und Funktionsweise Sie zu einem
Gutteil schon in der Ausbildung kennengelernt haben, und auch mit
den Umgangs- und Präsentationsformen sind Sie bereits weitgehend
vertraut. Wer nach dem Abschluss in die Forschung einsteigen will,
wird die Praxistauglichkeit der Ausbildung kaum in Zweifel ziehen.

*Wissenschaftliche
Forschung*

Eine Berufstätigkeit in der Forschung kann als Anstellung an einer Hochschule oder auch im Rahmen eines Promotionsstipendiums stattfinden. Darüber hinaus aber findet Forschung auch an vielen anderen, öffentlich oder privatwirtschaftlich finanzierten Einrichtungen statt. Zudem lassen sich die Grenzen einer forschenden Tätigkeit nicht klar abstecken, weil auch jenseits der genannten Organisationen geforscht wird. Denn wie sonst sollte man es bezeichnen, wenn Soziolog:innen in ihrem Berufsalltag Analysen vornehmen, Forschungserkenntnisse zu Rate ziehen oder Befragungen durchführen und auswerten? Eine Trennlinie lässt sich hier nur über die Ziele dieser Arbeit ziehen: Zielt die eine Art des Erforschens von Sachverhalten primär darauf, die Ergebnisse über Publikationen oder Vorträge in die Wissenschaft zurückzuspielen und Erkenntnisfortschritte zu produzieren, dient die andere Variante bevorzugt der Vorbereitung von Interventionen und einer konkreten Gestaltung des Sozialen. Beide Forschungsaktivitäten eint, dass sie von den Speziellen Soziologien, deren Befunden, Theoremen und Methoden unmittelbar profitieren.

Thematische Cluster Der Großteil der Absolvent:innen unseres Fachs ist jedoch in Bereichen tätig, die formal nicht zum Berufsfeld »Forschung« zählen. Die konkrete Verbindung zwischen wissenschaftlicher Ausbildung und späterer Erwerbstätigkeit ist daher nicht derart offensichtlich. Vor allem ist das Spektrum an potenziellen Einsatzbereichen großzügiger abgesteckt. Um in Erfahrung zu bringen, welche Praxisbereiche und Positionen geeignet sind, und welches Feld zu Ihnen passen könnte, kommen nun die thematischen Cluster des Fachs ins Spiel: Die Speziellen Soziologien geben Ihnen eine erste Orientierung hinsichtlich der denkbaren Anwendungsbereiche. Dies gelingt, indem sie Ihnen einen umfassenden Kenntnisstand zu einem Thema liefern, und indem sie die Praxisfelder selbst als Untersuchungsgegenstand

festgelegt haben. Die Speziellen Soziologien erklären nicht nur die
Dynamik und die strukturellen Verstrickungen eines Bereichs, sondern zeigen auch auf, wie hier Prozesse organisiert sind, wer wie
miteinander kooperiert und interagiert und welche Strategien Prak-
tiker:innen verfolgen. Die zahlreichen empirischen Studien, Publikationen und Überblickswerke der Teildisziplinen legen offen, warum
wer im Feld wie handelt und wie das Feld ›tickt‹.

Die im Studium verankerten Themen und Speziellen Soziologien
sind somit ein wichtiger Baustein für die Berufsvorbereitung. Wählen Sie im Studium z. B. Seminare in der »Migrationssoziologie« und
vertiefen über Recherchen, Erhebungen, Referate oder Prüfungsleistungen Ihre Kenntnis hierzu, dann werden Sie gute Dienste in den
mit dieser Thematik befassten Bereichen leisten können – und zwar
nicht nur auf einigen wenigen, spezialisierten Positionen, sondern in
sämtlichen hierfür zuständigen Arbeitsgebieten. Welche konkreten
Anforderungen die praktische Berufstätigkeit dann an Sie stellt und
welche Theoreme oder Konzepte dabei zum Einsatz kommen könnten, kann niemand vorab erahnen. Diese Lücke zwischen Studium
und Berufstätigkeit ist, wie schon Collins ausführte, unvermeidbar;
sie lässt sich aber überbrücken. In der Ausbildung greifen die Lehrenden hierfür auf Simulationen zurück, d. h. wir entwerfen Fragen,
Aufgaben und Settings, die Ihnen im Arbeitsleben begegnen könnten.
Projektseminare oder Forschungspraktika sind die einschlägigen
Lernformate hierfür (→ Kap. 6). Hier üben Sie ein, das Gelernte, d. h.
die im Studium erworbenen Kenntnisse in Theorien, Methoden und
Speziellen Soziologien, auf neue Frage- und Problemstellungen hin
zu übertragen und eigenständig anzuwenden. Die Lehrenden unterstützen Sie hierbei, überlassen aber die Auswahl der zu bearbeitenden
Themen weitestgehend Ihnen selbst, nicht nur in Seminaren, sondern
auch in Prüfungsleistungen.

Warum bleibt die Themenwahl den Studierenden überlassen?

Offene Ausbildung   Dass Ihnen die Soziologie, im Unterschied zu anderen Fächern, Spielräume in der Themenauswahl gestattet, steht in unmittelbarem Bezug
zur Berufsorientierung der Ausbildung. Denken Sie an Ihre Schulzeit
zurück. Ab wann waren Sie sich darüber im Klaren, welche Leistungs-
kurse Sie besuchen wollen? Wann wussten Sie, dass Sie studieren und
für welches Fach Sie sich einschreiben wollen? Wäre die schulische
Ausbildung auf frühe Spezialisierung ausgerichtet, hätte dies Ihre
Optionen nach dem Abitur stark eingeschränkt. Es ist daher ein Vorteil, wenn eine Ausbildung berücksichtigt, dass insbesondere junge
Erwachsene ihre thematischen Interessen und Vorlieben vergleichsweise häufig und rasch wechseln. Die Soziologie hat jedoch auch aus
fachspezifischen Gründen die Ausbildung vergleichsweise offen angelegt. Sie sichert Basiskenntnisse über die grundständigen Module
ab, lässt Ihnen aber Freiraum in der Auswahl der Themen, weil sie diese als nur exemplarische Anwendungsbereiche versteht. Denn da es
sich bei Gesellschaften um hochgradig dynamische Gefüge handelt,
lässt sich nicht für viele Jahre festschreiben, mit welchen Fragen sich
unsere Disziplin zu befassen haben wird. Lebensverhältnisse verändern sich zuweilen rasant; Organisationen stehen, egal ob es sich um
Wirtschaftsunternehmen, Verwaltungen oder NGOs handelt, unter
stetem Anpassungsdruck an sich wandelnde Kontextbedingungen.
Die in den Medien häufig als »globale Mega-Trends« betitelten Entwicklungen sind allesamt Gegenstand soziologischer Analyse, vom
Klimawandel, über die digitale Transformation bis hin zur Covid-19-
Pandemie. Darüber hinaus aber gibt es viele weitere Herausforderungen, die in den Medien weniger präsent, aber nicht minder gravierend
für die Gesellschaft sind, wie etwa die Alterung der Bevölkerung. Sie
wird in den nächsten Jahrzehnten große Probleme sowohl für die

sozialen Sicherungssysteme als auch für die Versorgung der älteren, pflegebedürftigen Menschen mit sich bringen.

Soziolog:innen sind dafür ausgebildet, sich all diesen Herausforderungen zu widmen, d. h. ihr Verständnis durch umfangreiche Daten und konzise Diagnosen zu verbessern. Mehr noch: Sie sind dazu befähigt einzuschätzen, mit welchen weiteren Problemen Gesellschaften, Organisationen und Menschen zukünftig konfrontiert sein werden. Da wir in einer hochgradig arbeitsteilig organisierten Gesellschaft leben, werden Sie sich in der Berufspraxis auf einzelne Themen konzentrieren können. Vielfach sind am Arbeitsmarkt jedoch Positionen zu besetzen, auf denen man mit verschiedenen Herausforderungen und Inhalten wechselnd oder sogar gleichzeitig zu tun hat. Wenn Sie in der Personalabteilung eines Unternehmens arbeiten, dann müssen Sie möglicherweise Antworten auf die Alterung der Belegschaft finden, zugleich aber auch Probleme des Infektionsschutzes, der Digitalisierung oder der Nachhaltigkeit lösen. *Aufgabenvielfalt*

Wer Soziolog:innen einstellt, so ließe sich zuspitzen, hat die berechtigte Erwartung, dass diese sich schnell in die zentralen Fragen der einzelnen Herausforderung einarbeiten, die Situation vor Ort kompetent einschätzen und Empfehlungen für die Umgangsweise vorlegen können – vor allem aber, dass sie auch das Zusammenwirken aller Herausforderungen und mögliche Wechselwirkungen zwischen den jeweiligen Gestaltungsansätzen im Blick behalten. Solche Erwartungen zu erfüllen und derart komplexe Aufgaben zu bewältigen, wird Ihnen gegenwärtig noch unerreichbar erscheinen. Doch zum einen arbeiten Sie in der Praxis i. d. R. in Teams an der Lösung solcher Probleme und sammeln im Berufsleben viele hilfreiche Erfahrungen; zum anderen werden Sie im Studium gezielt dafür ausgebildet, sich rasch in Themen einarbeiten zu können und zu profunden Einschätzungen zu gelangen (→ Kap. 6). *Wechselwirkungen erkennen*

Spezialisierung   In der rund vier Jahrzehnte währenden Erwerbslaufbahn, die vor Ihnen liegt, werden Sie immer wieder mit neuen Themen konfrontiert sein. Ihre Ausbildung muss daher angemessen ›unkonkret‹ bleiben. Nur so sind im späteren Berufsleben Wechsel des Tätigkeitsfeldes oder Zuständigkeitsbereichs möglich; und nur so eröffnet Ihnen der Abschluss eine reiche Bandbreite von Einsatzmöglichkeiten. Selbst für den Fall, dass Sie sich einer einzigen Speziellen Soziologie und einem Thema verschreiben, werden Ihre Einsatzbereiche vielschichtig sein. Ein Beispiel: Wenn Sie sich im Studium und Ihrer Abschlussarbeit intensiv mit dem Thema »Jugend« befassen, dann können Sie dieses Wissen in die Arbeit von Landes- oder Bundesministerien, Stadtverwaltungen oder Kommunen einspeisen, die eine besondere Zuständigkeit dafür haben, die Lebensbedingungen von Kindern und Jugendlichen zu gestalten. Sie können aber auch in vielen anderen Bereichen des Arbeitsmarktes mit dem Thema befasst sein. Überall, wo Kinder und Jugendliche auftauchen, sei es in Familien, im Bildungssektor, im öffentlichen Raum, im Bereich des Sports oder in den Medien, seien es Jugendliche als Konsument:innen, Nutzer:innen, Peer Group oder Auszubildende – an all diesen Stellen und in all diesen Perspektiven ist es von Vorteil, über diese Altersgruppe, ihre Einstellungen und Lebensbedingungen sehr gut informiert zu sein. Sie können mit soziologischer Expertise zu einem Thema bzw. einer Speziellen Soziologie insofern Ihr Wissen in vielen Bereichen und auf unterschiedlichsten Erwerbspositionen anbieten. Und dies ist es, was die Ausbildung in Soziologie auszeichnet, und was Ihnen eine optimale Ausgangslage am Arbeitsmarkt verschafft.

Spezialisierung ist in allen Studiengängen des Fachs gewünscht und möglich. Doch wer Gesellschaft begreifen und erklären will, muss zunächst dazu ausgebildet werden, sie in ihrer Vielschichtigkeit erfassen und untersuchen zu können. Die Soziologie muss deshalb auf eine angemessen locker gehaltene Verbindung zur Praxis insistieren und kann sich nicht exklusiv nur wenigen Praxisfeldern widmen. Je konkreter sie ihr Ausbildungsziel und -konzept auf einen Einsatzbereich zuschneiden würde, desto enger wäre das berufliche Einsatzfeld ihrer Absolvent:innen abgesteckt. Themen und Spezielle Soziologien dienen daher im Studium als Experimentierfelder, in denen Sie Ihren soziologischen Blick und Ihre Diagnosestärke unter Beweis stellen sollen, und an denen Sie Ihre Kompetenzen entwickeln und erproben können (→ Kap. 6).

Ob nun, wie im obigen Beispiel, das Thema »Jugend« auf Ihr Interesse stößt, oder Sie sich für ganz andere Fragen und Inhalte begeistern, können und sollen Sie erst im Verlauf Ihres Studiums herausfinden. Denn auch wenn manche Studierende unser Fach aus einem individuellen thematischen Interesse heraus ansteuern, so zeigt sich zumeist erst in der Auseinandersetzung mit dem Gegenstand, ob dieser auch zu einem passt. Um Ihnen also sagen zu können, für welche Aufgaben Sie später einmal zuständig sein werden, und auf welche Positionen Sie sich bewerben könnten, müssten die Lehrenden daher zunächst wissen, welches Thema Sie persönlich reizt, und in welches Feld Sie nach dem Abschluss gern einsteigen würden. Die Lehrenden wären dann in der Lage, Ihnen zu erläutern, worauf es in genau diesem Bereich ankommt, welche Fachkenntnisse hierfür hilfreich sind und welche Stellen aussichtsreich wären. Wir spielen deshalb in der Ausbildung den Ball an Sie zurück:

Was interessiert Sie? Welche Art des soziologischen Zugriffs ›liegt‹ Ihnen?

In der bereits erwähnten Studie von Kiefer et al. (2018) zeigte sich, dass Studierende das Fach nicht primär ansteuern, um in ein konkre-

Themenpräferenz

Studienmotivation

tes Berufsfeld einzusteigen. 21 Prozent der Befragten haben keinen konkreten Berufswunsch, 52 Prozent antworten hierauf mit »teils/teils« (163). Zustimmungswerte zu anderen Motiven wie »fachlichem Interesse« (67 Prozent) oder »Emanzipation« (68 Prozent) überwiegen. Auffällig ist vielmehr die Erwartung, mit der Soziologie die Gesellschaft besser begreifen und durchaus auch verändern zu können. 84 Prozent der Befragten stimmen der Aussage zu, dass sie das Fach studieren »um die Welt zu verstehen und sie zu verändern« (162). Dabei kommen ganz offensichtlich auch Haltungen zu bestimmten Sachverhalten zum Tragen: Die Autoren resümieren, dass »der Anteil derjenigen mit einem kohärent auf Werturteilsfreiheit abzielenden Wissenschaftsverständnis [...] vernachlässigungswürdig gering« ist (173). Auf Basis dieser Befragung ist daher davon auszugehen, dass es Studierenden der Soziologie weder an Motivation mangelt, sich auf das schwierige Geschäft der Gesellschaftsanalyse einzulassen, noch scheinen sie auf bestimmte Einsatzbereiche festgelegt zu sein.

Gründe der Themenwahl   Dennoch rückt mit dem Fortschreiten des Studiums die Frage nach dem für Sie geeigneten Berufsfeld weiter an Sie heran. Bereiten Sie sich hierauf frühzeitig vor, indem Sie, wie im hier skizzierten Sinne, den Themen Ihre besondere Aufmerksamkeit schenken. Beginnen Sie mit einem Blick auf Ihren Studienplan: Welche Veranstaltungen haben Sie in den jeweiligen Modulen angesteuert? Was war ausschlaggebend für Ihre Auswahl? Manchmal haben Sie vielleicht nach Tag und Uhrzeit oder Dozent:in entschieden, oft aber sicherlich auch nach inhaltlichen Vorlieben. Hier wird es interessant: Warum wählen Sie ein Seminar über die digitale Transformation statt eines, das den Wandel der Familie behandelt – oder umgekehrt? Warum haben Sie nie eine Veranstaltung zur Politischen Soziologie besucht, aber wiederholt Seminare der Rechtssoziologie belegt? Versuchen Sie, den Ursachen Ihrer Auswahl auf den Grund zu gehen.

Als Resümee lässt sich festhalten, dass die Themen des Fachs auf berufliche Einsatzbereiche verweisen. Im Studium dienen sie dazu, exemplarisch an ihnen zu lernen, wie soziologische Analyse abläuft. Angesichts der Breite der Einsatzmöglichkeiten muss die Ausbildung inhaltlich angemessen offen angelegt sein, erlaubt aber eigene Akzentsetzungen und fordert zur Zusammenstellung eines persönlichen thematischen Profils auf. Zwar fragt der Arbeitsmarkt Soziolog:innen auch unabhängig vom konkreten Thema der B.A.- oder M.A.-Arbeit nach, doch sollten Sie der Anschlussfähigkeit an das Praxisfeld stets besondere Aufmerksamkeit widmen. Je randständiger das in der Abschlussarbeit erkundete soziale Phänomen im öffentlichen Diskurs ist, desto ausführlicher sollten Sie in der Bewerbung darlegen, welche Bezüge zum Einsatzgebiet bestehen, und dass sich Ihre Fähigkeiten nicht hierin erschöpfen. Bedenken Sie, dass es auch für die einstellenden Bereiche hilfreich sein kann zu erfahren, warum Sie ein Thema gewählt haben und was Ihnen die Auseinandersetzung hiermit gebracht hat.

Exemplarisches Lernen

✓ Sie verwenden einen differenzierten Praxisbegriff, der zwischen Tätigkeit und (Berufs-)Feld unterscheidet, und

✓ erkennen Mechanismen der Abgrenzung zwischen Feldern ebenso aber auch innerhalb von Feldern.

✓ Sie begreifen Felder als Orte der Aushandlung von Interessen und möglicherweise auch der Austragung von Interessenkonflikten und

✓ wissen um die Verbindung von Theorie und Praxis.

✓ Begriffe sind Ihnen als Instrumente der wissenschaftlichen Analyse vertraut,

✓ Definitionen sind Ihnen als Indikatoren wissenschaftlicher Debattenstände und Medium der Positionierung bekannt.

✓ Sie wissen, dass Ihre akademische Ausbildung offen genug angelegt ist, um auf gesellschaftliche Dynamiken und veränderte Nachfragemärkte reagieren zu können,

✓ zugleich aber auch Spezialisierung gewünscht und möglich ist und eine Brücke zu konkreten Berufsfeldern baut.

✓ Sie sind darauf vorbereitet, dass Sie Ihre Themenwahl und Akzentsetzungen im Studium gegenüber Dritten erläutern und begründen können müssen.

Nach diesen Vorklärungen kann es nun um die konkreten Berufsfelder gehen. Die Handreichung sollte an diesem Punkt eine stabile Grundlage dafür geschaffen haben, dass Sie sich Ihrer persönlichen Erwartungen an die Berufstätigkeit bewusst sind, und dass langsam einige Ideen heranreifen, warum Sie für welche Bereiche geeignet sein könnten.

5. Konkrete Berufsfelder
... bieten Anlass für einen souveränen Auftritt

Die Zäsur der COVID-19-Pandemie hat vor Augen geführt, dass Gesellschaften ebenso wie Individuen mit plötzlichen Krisenlagen konfrontiert sein können, die eine schnelle Anpassung und notfalls auch Veränderung der Lebensweise erzwingen. In kürzester Zeit wurden zuvor prosperierende Wirtschafts- und Erwerbsbereiche stillgestellt; partiell kam es zu Stellenabbau oder Insolvenzen, Einstellungen wurden ausgesetzt oder nur zeitverzögert vorgenommen. Zwar lässt sich die Modernisierung als Geschichte der Beherrschung und »Domestizierung« der Natur interpretieren (van der Loo/van Reijen 1992: 196 ff.), doch gräbt sich mit den Erlebnissen der Jahre 2020/21 die Einsicht in das kollektive Gedächtnis ein, dass die menschliche Existenz grundsätzlich fragil und verletzlich ist.

Die Soziologie hat beständig auf solche Ungewissheiten hingewiesen. Exemplarisch können Sie dies in den Arbeiten des französischen Soziologen Robert Castel (2005) nachlesen. Castel liefert eine konzise Skizze der Entwicklung der modernen Wohlfahrtsstaaten. Diese zielten darauf, die Wechselfälle des Lebens bestmöglich abzusichern und ein kollektives Auffangnetz zu etablieren, das solidarisch finanziert ist und allen zu Gute kommt. Auch die zahlreichen privatwirtschaftlichen Angebote zur Absicherung von Krankheit, Unfall, Schäden an Eigentum oder Diebstahl folgten der Intention, das Unkalkulierbare

Ungewissheiten

berechenbar zu machen. Castel räumt ein, dass derlei ausufernde Sicherheitskonzepte zu einer umfassenden Unterstützung in Notlagen geführt haben, beobachtet aber, dass sich Gesellschaften kaum mehr mit der generellen Labilität und Unsicherheit des Lebens zu arrangieren vermögen. Sozialpolitik solle Unsicherheit beseitigen; sie erzeuge aber allein durch ihr Angebot eine erhöhte Verunsicherung und befördere die Illusion einer Beherrschung der menschlichen Existenz, die es letztlich aber nie in Gänze gebe. Die Pandemie hallt daher als Erinnerung und Mahnung an eine stets nur begrenzte Planbarkeit des Lebens nach.

Vielfältige Einsatzmöglichkeiten Wer sich für das Studienfach »Soziologie« eingeschrieben hat, lässt sich von Ungewissheit nicht grundsätzlich abschrecken. Denn bereits in der Schule und durch die Arbeitsagenturen wird Studieninteressierten der Hinweis mit auf den Weg gegeben, dass Soziolog:innen zwar vielfältig einsetzbar seien, sich aber kein konkretes Berufsfeld angeben lasse. Zumeist wird dann eine (Ihnen sicher schon bekannte) Auflistung zahlreicher Bereiche präsentiert, in denen Absolvent:innen unseres Fachs tätig sind. Das Spektrum reicht von der wissenschaftlichen Forschung über Tätigkeiten in Ministerien, Kommunen, Verbänden und Stiftungen, der Arbeit in Personalabteilungen in der Wirtschaft, die Beratung oder eine Tätigkeit in der Entwicklungshilfe bis hin zum Journalismus. Ein Blick auf die Biographien prominenter Persönlichkeiten zeigt, dass nicht nur Mitglieder der Bundesregierung, sondern auch TV-Moderator:innen mit Millionenpublikum das Fach studiert haben. Nun streben Sie vielleicht keine dieser beiden Positionen an – und es wäre auch diskussionswürdig, ob letztere als ausbildungsadäquat einzuschätzen ist. Eine solide Kenntnis über soziale Prozesse ist jedoch offenbar für alle Berufstätigen vom Vorteil. Klärungsbedürftig aber bleibt, wie mit dieser Vielfalt an Einsatzmöglichkeiten umzugehen ist.

Wer wird Ihre soziologische Expertise nachfragen?
Und verschafft der Abschluss gar exklusiven Zugang zu einem Feld?

Die letzte Frage kann eindeutig verneint werden. Es gibt zwar Stellen im Bereich der Forschung, die explizit ein erfolgreiches Studium der Soziologie verlangen, aber das Gros der Angebote adressiert zumeist größere Personenkreise oder lässt die fachliche Zuordnung gänzlich offen. Dies sollte Sie nicht weiter irritieren, zumal es ohnehin nötig ist, die Passfähigkeit von den konkreten Aufgaben und Zuständigkeiten her einzuschätzen. Versuchen Sie deshalb, die für Sie bestmöglichen Einsatzbereiche selbst zu identifizieren, bewerben Sie sich eigeninitiativ und untermauern dabei Ihre thematische und methodische Passfähigkeit. Tipps für ein Bewerbungsschreiben finden Sie in den diversen Ratgebern hierzu.

Berufsfelder und -positionen, die mit einem Abschluss in Soziologie zu erreichen sind, können Sie auf verschiedenen Wegen erkunden. Die Suche im Internet liegt nahe, doch möchte ich für den ersten Einstieg den Blick in einschlägige Sammelbände zum Thema empfehlen: z. B. Blättel-Mink/Kurz 2004; Breger/Böhmer 2007; Späte 2007; Blättel-Mink et al. 2008; Breger et al. 2016; Mauel/Pfläging 2021. Bereits anhand der Inhaltsverzeichnisse dieser Bände sehen Sie, wie breit das Spektrum an Möglichkeiten ausfällt. Zudem erhalten Sie eine kompakte Präsentation des jeweiligen Berufsfeldes, die sich ausdrücklich an Studierende des Fachs richtet. Manche der Bände sind älteren Datums, doch die Darstellungen sind zeitlos und daher noch immer aufschlussreich. Die Autor:innen sind entweder Lehrende der Soziologie oder ehemalige Absolvent:innen, die aus ihrer aktuellen Berufspraxis berichten. Da für Ihre Ausbildung, neben wissenschaftlichen Mitarbeiter:innen, Lehrkräften für besondere Aufgaben und Lehrbeauftragten, vor allem Professor:innen zuständig sind, möchte

Ratgeber zu Berufsfeldern

ich Ihnen ein Portrait dieses Berufsfeld zur Lektüre ans Herz legen. Heute scheint Ihnen vielleicht noch völlig unvorstellbar, selbst eine solche Position zu erlangen. Ihren Professor:innen erging es jedoch während des Studiums nicht anders. Mit dem von Birgit Blättel-Mink (2016), einer ehemaligen DGS-Vorsitzenden, verfassten Text bekommen Sie zugleich einen Einblick in die Funktionsweise der Universität, deren Mitglied Sie nun sind. Wie in dieser Organisation Prozesse ablaufen und gestaltet werden, und welchen Anteil welche Gruppen und Individuen hieran haben, können Sie im Portrait nachlesen.

Als nächster Schritt bietet sich ein Besuch der Internetpräsenz des Berufsverbands Deutscher Soziologinnen und Soziologen e. V. (BDS) an. Hier versammeln sich Personen, die das Fach studiert haben und sich nun im Rahmen ihrer beruflichen Tätigkeit weiterhin mit Fachkolleg:innen vernetzen wollen. Ziel ist es, vom Erfahrungsaustausch zu profitieren und letztlich dadurch auch die Soziologie als Profession und die eigene Positionierung am Arbeitsmarkt zu stärken (→ Kap. 2). Gerade für Berufseinsteiger:innen (ebenso aber auch für Studierende) bietet der Verein Raum für Fragen rund um die Berufspraxis und ist ein spannendes Forum, über das sich neue Einsichten gewinnen lassen. Auch in der DGS gibt es einen Fachausschuss »Soziologie als Beruf«.

> **Berufsverband Deutscher Soziologinnen und Soziologen e. V. (BDS)**
> Während die DGS die in Forschung und Lehre tätigen Soziolog:innen organisiert, sieht sich der BDS als Ort des Austausches für alle Absolvent:innen der Soziologie. Er bietet eine Mitgliederzeitschrift an, veranstaltet Tagungen, sammelt Stellenangebote und formuliert Standards für die Berufspraxis jenseits von Hochschulen und Universitäten. Gemeinsam mit der DGS gibt er Empfehlungen für die Forschungspraxis im Berufsalltag und ethische Leitlinien an die Hand. (→ www.bds-soz.de)

Diskrepanz Studium und Praxis   Die zahlreichen Portraits von Berufsfeldern folgen zumeist dem gleichen Schema: Es wird mitgeteilt, was den Einsatzbereich auszeichnet, welches die zentralen Arbeitsaufgaben sind und inwiefern das Studium der Soziologie hierauf vorbereitet. Während die Darstellungen der Lehrenden cher wohlwollend ausfallen und eine gute Passfähigkeit bzw. Eignung der Absolvent:innen für das Berufsfeld betonen, sind die Stellungnahmen von Praxisvertreter:innen insofern differenzierter, als sie offensiver auf Passungsprobleme hinweisen. Diese Diskrepanz erstaunt nicht, da Studium und Praxis unterschiedlichen Logiken folgen: Das Studium muss eine angemessen breite Qualifizierung für sehr unterschiedliche Einsatzbereiche gewährleisten. Es garantiert ein spezifisches inhaltliches und methodisches Portfolio, kann und darf sich aber nicht exklusiv auf ein einzelnes Berufsfeld fixieren und ist daher orientiert am exemplarischen Lernen (→ Kap. 4). Wer im Arbeitsalltag jedoch mit allerlei Anforderungen konfrontiert ist, stellt sich unweigerlich die Frage nach den verfügbaren Ressourcen hierfür. Die Ausbildung wird daher kritisch daraufhin bilanziert, was sie für die konkrete Lage ›bringt‹. Mindestens soll sie einen adäquaten Berufseinstieg garantieren, bestenfalls aber einen gut gefüllten Werkzeugkoffer bereitstellen, mit dem sich der Berufsalltag gut meistern lässt. Diesen Anforderungen an das Fach lohnt es weiter nachzugehen. Blicken wir hierfür zunächst auf die Platzierung der Absolvent:innen am Arbeitsmarkt.

Wie kommen Absolvent:innen am Arbeitsmarkt an?

Die Soziologie ist heute eine Wissenschaft, die mit ihrer Expertise sowohl in Politik und Medien als auch in der Wirtschaft und der öffentlichen Verwaltung ein gern gesehener Gast ist. Dies bedeutet jedoch nicht, dass es auch viele Stellenangebote geben muss. Noch bis weit in die 1990er Jahre war vielfach zu hören, dass ein Studium der Soziologie ein riskantes Unterfangen sei und man möglicherweise nach dem Abschluss seine Existenz mit »Taxifahren« bestreiten müsse. Karl-

Beschäftigungschancen

Siegbert Rehberg, damals DGS-Vorsitzender, resümiert dies in einem Interview als eine »Negativlegende« (Autorengemeinschaft 2006: 54). Es ist kein ganz abwegiger Gedanke, dass das Stereotyp vom »Soziologen als Taxifahrer« auch in die Welt gesetzt wurde, um Soziolog:innen einzuschüchtern und sie als Konkurrent:innen am Arbeitsmarkt zu diskreditieren. Denn zuweilen wird es auch heute noch bemüht, obwohl ein Blick auf die Absolvent:innenbefragungen zeigt, dass der Berufseinstieg gelingt:

Schon in den 1990er Jahren gab es eine Reihe von Studien zum Thema (z. B. Fuchs/Lamnek 1992; Hinz et al. 1995; Strübing 1997; Kromrey 1999). Da zwischenzeitig die Studiengänge jedoch reformiert wurden und sich der Arbeitsmarkt weiterentwickelt hat, möchte ich im Folgenden den Fokus auf die letzten zwei Dekaden richten. Als Auftakt hierfür scheint mir der Beitrag von Josef Brüderl und David Reimer (2002) geeignet. Die Autoren geben nicht nur einen Überblick über ausgewählte Absolvent:innenbefragungen der 1990er Jahre, sondern fassen auch die methodischen Herausforderungen solcher Erhebungen kompakt zusammen. Im Vergleich der Studien zeige sich, dass die Suchphase nach dem Abschluss zwar länger als bei den Absolvent:innen anderer Fächer ausfalle, aber sich die Soziolog:innen danach am Arbeitsmarkt etablieren (vgl. ebd.: 202 f.).

Werner Meinefeld (2002) und seine Studierenden fanden im Rahmen eines Lehrforschungsprojekts an der Universität Erlangen heraus, dass von den 237 befragten »Ehemaligen« 77 Prozent eine Anstellung in sozialversicherungspflichtiger Beschäftigung gefunden hatten; 14 Prozent waren auf Honorarbasis tätig, fünf Prozent als Selbständige. Nur vier Prozent waren arbeitssuchend. Zwei Drittel der Befragten waren seit dem Abschluss nie arbeitslos gewesen; ziehe man die Suchphase direkt nach dem Studium ab, treffe dies sogar auf drei Viertel der Befragten zu. Mündete das Studium der Soziologie noch in den 1970er Jahren vielfach in der Tätigkeit an einer Hochschule, verringerte sich dieser Anteil im Laufe der Zeit immer weiter (vgl. Brüderl/Reimer 2002: 208). Soziolog:innen waren fortan in den unterschiedlichsten Berufsfeldern anzutreffen.

Eine Einschätzung auf Basis der Daten des Mikrozensus haben Rainer Diaz-Bone, Ulf Glöckner und Anne-Cathérine Küffer (2004) vorgelegt. Auch sie stellten fest, dass die Einsatzbereiche von Absolvent:innen der Sozialwissenschaften breit gestreut sind. Für deren Lage am Arbeitsmarkt konstatierten sie, dass sie hinsichtlich Arbeitslosigkeit und Beschäftigungsverhältnis etwas schlechter gestellt sind als der Durchschnitt der Akademiker:innen, die Abweichung aber nur gering sei.

Nun sind Prognosen zum Arbeitsmarkt generell ein schwieriges Unterfangen; in Zeiten einer Pandemie sind sie nahezu unmöglich. Die vorliegenden aktuellen Daten deuten allerdings darauf hin, dass der schon für die letzten Jahre festzustellende Zuwachs bei den Berufen, die einen Hochschulabschluss voraussetzen, andauern wird. Die Akademiker:innen-Arbeitslosenquote bewegte sich 2018 mit 2,2 Prozent (2018) auf Vollbeschäftigungsniveau; die für die Soziologie ausgewiesene Quote liegt mit 3,2 Prozent nur knapp über diesem Durchschnitt (Bundesagentur für Arbeit 2019: 107). In den sogenannten atypischen Beschäftigungsverhältnissen sind Akademiker:innen unterrepräsentiert, und es ist ein starker Zuwachs von Berufen mit beratender Funktion festzustellen (vgl. ebd.: 19 ff.). **Arbeitsmarkt**

Bei der Durchsicht allgemeiner Arbeitsmarktdaten ist stets zu bedenken, dass die Qualität der Beschäftigung sowie die Prognosen zur Dynamik im Feld stets davon abhängen, in welcher Branche und welchem Segment man tätig ist. Gerade deshalb sollten Studierende die einschlägigen Statistiken detaillierter betrachten. Denn nur so **Qualität der Beschäftigung**

Branche und Segment

Der Begriff »Branche« bezeichnet einen Wirtschaftszweig. Zwar variieren die Zuordnungen national, doch wurde zur Vereinheitlichung der Klassifizierungen z. B. seitens der Europäischen Union (EU) eine Nomenklatur für die Mitgliedstaaten entworfen, die den statistischen Vergleich erleichtern soll. Auch die öffentliche Verwaltung ist eine Branche. Spricht man von einzelnen Teilbereichen der Branchen, ist von »Segmenten« die Rede.

lässt sich einschätzen, welche Bereiche sich durch eine günstige Entwicklung auszeichnen. Deutlich wird dann, dass in den letzten Jahren jene Berufe stark expandiert sind, die mit den Themen Flucht und Migration, Digitalisierung oder Gesundheit und Pflege zu tun haben; auch der Klimawandel befördert Personaleinstellungen in diesem thematischen Cluster.

Nun kann und darf ein Studium nicht umfassend auf solche Trends am Arbeitsmarkt ausgerichtet sein. Die Aufgabe der Soziologie besteht vielmehr darin, auch Problemfelder zu identifizieren, die zum aktuellen Zeitpunkt noch unterbelichtet sind. Sie agiert quasi ›gegen den Trend‹. Wer jedoch die Dynamiken von Personalauf- und -abbau aufmerksam beobachtet, wird die schon seit längerem prekären Bereiche am Arbeitsmarkt leichter identifizieren und sich entsprechend auf schwierige Start- und Erwerbsbedingungen in einzelnen Segmenten besser einstellen können. So ist gegen das beliebte Berufsfeld des Journalismus nichts einzuwenden, doch ist hier die Bandbreite der Arbeitsrealitäten groß. Karrieren von Soziolog:innen dokumentieren, dass es den Journalisten gibt, der bei der regionalen Zeitung als formal Selbständiger nach abgelieferten Druckzeilen vergütet wird, ebenso aber auch die festangestellte Pressesprecherin eines Pharmakonzerns, die nach Tarifvertrag ein regelmäßiges monatliches Einkommen erhält. Aus Statistiken und thematischen Clustern lassen sich also Rückschlüsse auf den aktuellen und zukünftigen Stellenmarkt ziehen, doch bilden sie die Qualität der Stellen allenfalls ansatzweise ab.

Weitere Auskunft über den Berufseinstieg von Absolvent:innen der Soziologie und der Sozialwissenschaften liefert das »Absolventenpanel 2017« (ISTAT 2021): Von den 492 Befragten mit einem M. A.-Abschluss in Sozialwissenschaften sind immerhin 17 Prozent mit einer Promotion beschäftigt (vgl. ebd.: 5). Für diese Gruppe ist eine starke wissenschaftliche Ausrichtung des Studiums folglich passgenau. 46 Prozent der Befragten haben bereits nach spätestens drei Monaten die erste Stelle angetreten, 76 Prozent nach spätestens einem halben Jahr (vgl. ebd.: 7). Das monatliche Arbeitseinkommen (brutto) liegt zu diesem frühen Karrierezeitpunkt bei 34 Prozent der Absolvent:innen zwischen 3.251 – 3.750,– EUR, bei 20 Prozent zwischen 3.751 – 4.250,– EUR (vgl. ebd.: 10) (→ Kap. 7).

»Absolventenpanel«

Das »Absolventenpanel« ist eine bundesweite Befragung des jeweiligen Prüfungsjahrgangs. Die Stichprobe umfasste für das Panel 2017 75.000 Absolvent:innen fast aller Abschluss- und Hochschularten in Deutschland. Die Befragungswelle fand 2018/19 statt. Das Panel wird von drei Forschungseinrichtungen getragen: dem Deutschen Zentrum für Hochschul- und Wissenschaftsforschung (DZWH), dem International Centre for Higher Education Research der Universität Kassel (INCHER-Kassel) und dem Institut für angewandte Statistik (ISTAT). (→ www.ap2017.de)

Bei der Interpretation von Arbeitsmarktdaten ist zu beachten, dass den Platzierungen in der Erwerbssphäre auch individuelle Präferenzen zugrunde liegen. Ein Hinweis hierauf findet sich in einer Studie aus den 1990er Jahren, in der Studierende berufstätige Soziolog:innen befragten. Jörg Strübing (1997), der das Projekt leitete, kommt zu der Einschätzung, dass die als objektiv »inadäquat« einzuschätzende Platzierung am Arbeitsmarkt durchaus auch unproblematisch sein kann, wenn sie eine »Position der Wahl« (166) darstellt. Die von ihm und den Studierenden erarbeitete Typologie zum »beruflichen Selbstverständnis« lasse vielmehr vermuten, dass nicht alle Absolvent:innen eine explizit soziologisch ausgerichtete Berufstätigkeit anstrebten und sich einige absichtsvoll vom Studienfach entfernen. Damit ist eine Anregung dafür gegeben, die Erhebung von Arbeitsmarkdaten um Untersuchungen von beruflichen Selbstkonzepten und Karriereorientierungen zu ergänzen. Darüber hinaus lässt sich der Text von Strübing als Anleitung dafür lesen, wie Sie als Studierende selbst Befragungen von Absolvent:innen durchführen können.

Eigene Präferenzen   In welchen Berufsfeldern und Positionen Sie sich platzieren können, hängt somit nicht lediglich von den angebotenen Stellen ab, sondern zu einem Gutteil auch von Ihren individuellen Präferenzen: In welche Relation setzen Sie für sich die thematische Passung und das Einkommen? Welchen materiellen Lebensstandard wollen Sie erreichen? Wie wichtig ist es Ihnen, den aktuellen Lebensort nicht zu verlassen? Wie dringlich wünschen Sie sich eine unbefristete Beschäftigung? Abhängig davon, wie die Antworten auf solche Fragen ausfallen, sind manche Felder und Positionen für Sie besser geeignet als andere. Bereits in der Entscheidung für das Studienfach Soziologie dokumentieren sich Prioritäten. Denn hätten Sie sich rein an den Einkommensoptionen orientiert, wären andere Studienfächer, wie z. B. Informatik, wohl die bessere Wahl gewesen. Gleichwohl bleibt, dies führte die Pandemie vor Augen, keine Berufsgruppe von Ungewissheiten verschont. Auch der technologische Fortschritt provoziert Verwerfungen am Arbeitsmarkt. So zählen etwa Radiolog:innen zu den bestbezahlten Personen im Gesundheitswesen, das insgesamt boomt, doch steht dieser Beruf unter einem enormen Konkurrenzdruck zum Maschinellen. Ob in zwanzig Jahren Menschen oder Programme Aufnahmen von Tumoren auswerten werden, ist gegenwärtig nicht ausgemacht.

Berufsportraits   Um das diskreditierende Klischee zu entkräften, dass ein Abschluss in Soziologie keine guten Perspektiven am Arbeitsmarkt eröffnet, wählte Meinefeld (2012) als Titel für einen Aufsatz das Zitat

»Schon wieder kein Taxifahrer dabei!«. 2017 schaltete die ehemalige Soziologiestudentin Lena Weber die Seite »www.mehralstaxifah ren.de« frei. Hier finden sich zahlreiche Berichte aus der Berufspraxis von Soziolog:innen, die Ihnen nicht nur aufzeigen, wie vielfältig die Einsatzbereiche sind, sondern auch einen kurzen Einblick in die konkreten Tätigkeiten bieten. Nachfolgende Generationen von Studierenden wären sicherlich froh, wenn sie auf weitere solcher Kurzportraits zurückgreifen könnten. Deshalb zögern Sie nicht, später einen eigenen Bericht aus Ihrem Berufsalltag beizusteuern. Seit 2021 sind auf der Seite auch Stellenangebote platziert.

Die positiven Tendenzen am Arbeitsmarkt dürfen gleichwohl nicht dazu verleiten, die Frage nach der Praxistauglichkeit der Soziologie aus dem Blick zu verlieren:

Mit welchen Qualifikationen überzeugen Soziolog:innen am Arbeitsmarkt?

Meinefeld resümiert auf der Basis seiner Absolvent:innenbefragung, dass es kein Patentrezept für den Erfolg gibt. Zwar würden immer wieder Praktika oder Fremdsprachen als Vorteile genannt, doch erwies sich im Vergleich der Absolvent:innen kein Faktor als einflussreich (Autorengemeinschaft 2006: 54). Die Region, der thematische Schwerpunkt, die Vernetzung während des Studiums, Praxiserfahrungen, ehrenamtliches Engagement und letztlich auch die Noten dürften sich als nicht minder relevant erweisen. Belastbare Daten zu Erfolgskriterien liegen nicht vor, sodass Sie gut beraten sind, allen gleichermaßen Aufmerksamkeit zu schenken. Rehberg sieht den Vorteil der Soziolog:innen darin, dass diese »gute Generalisten« (Autorengemeinschaft 2006: 54) seien, die man überall dort nachfrage, wo es viel Unterschiedliches und Wechselndes zu erarbeiten gelte, aber

Vielseitigkeit

ein angemessener Tiefgang der Analyse nicht außer Acht gelassen werden dürfe. Die Rede davon, dass unsere Absolvent:innen auch rege von Parteien oder den Büros von Bundestagsabgeordneten engagiert werden, überrascht daher nicht.

Praxisbezug An vielen Studienstandorten werden Vortragsreihen mit Vertreter:innen aus der Praxis und/oder »Ehemaligen« organisiert und Praktika in das Studium integriert. Der Berufsfeldbezug ist heutzutage deutlich ausgeprägter als in den vorangegangenen Dekaden (→ Kap. 6). Dennoch sind damit Fragen nach der Praxistauglichkeit des Studiums, die Lehrende schon vor etlichen Jahrzehnten aufwarfen, nicht obsolet. Im Gegenteil: In einigen dieser älteren Texte finden sich gute Argumente für die Exklusivität soziologischer Expertise, die Sie in Studium, Bewerbung und späterer Berufspraxis aufgreifen können. Ein Beispiel hierfür ist der Aufsatz von Dieter Claessens über »Soziologie als Beruf und das Problem möglicher Normativität angewandter Soziologie« (1963). Dieser Text hat aus mindestens drei Gründen an Aktualität nicht eingebüßt: Erstens zeigt er (zu einem frühzeitigen Zeitpunkt) auf, wie vielfältig die Einsatzbereiche für Soziolog:innen sind; zweitens motiviert er dazu, sich des eigenen Könnens zu besinnen und offensiv und selbstbewusst in diese Bereiche vorzudringen; und drittens thematisiert er Dilemmata, die sich in der konkreten Berufspraxis ergeben.

Befähigung zur Prognose Die Einsatzbereiche sind bei Claessens (1963) weit gefasst: »Der Soziologe kann überall dort tätig sein, wo in einem Fachsystem unsystematische Informationen über das umgebende soziale Feld in systematische Informationen umgewandelt werden müßten, und es sieht so aus, als ob eben dieses in der Praxis von ihm erwartet würde.« (266). Diese ›Umwandlungsarbeit‹ umfasst nicht nur eine sorgfältige Diagnose der aktuellen Situation, sondern auch den Versuch, eine Prognose über das Zukünftige abzugeben. Die Fähigkeit »Vorausberechenbarkeit« herzustellen, hebt Claessens als besondere und exklusiv soziologische Kompetenz hervor.

Der Aufsatz ist allein wegen der zahlreichen Fallbeispiele lesenswert, an denen sich der Ertrag eines soziologischen Blicks klärt. Betriebliche Organisationen werden dann als nicht lediglich räumliche Orte oder formal-institutionelle Systeme, sondern als »soziales Gebilde« (Mayntz 1958: 1) erkennbar. Renate Mayntz hat mit ihren Arbeiten einen Grundstein dafür gelegt, Betriebe als »lebendige Gefüge« zu begreifen, in denen Menschen interagieren und informelle Strukturen einen großen Anteil am Erreichen von Zielen haben. Mögen ein betriebswirtschaftlich geschulter Personalleiter oder die medizinisch ausgebildete Klinikärztin für ihre Bereiche kompetent sein: Sie dürften sich kaum dessen bewusst sein, in welch ein komplexes soziales Gefüge sie und ihre Tätigkeit eingebunden sind – und welche sozialen Voraussetzungen für ihren Erfolg gegeben sein müssen (vgl. auch Claessens 1963). Demgegenüber ist es ein Markenzeichen der Soziologie, Strukturen, Funktionsweisen und Binnendynamiken von Organisationen zu ergründen. Sowohl die Arbeits- und Industriesoziologie als auch die Organisationssoziologie geben Ihnen eine reiche Fülle von empirischen Studien und theoretischen Reflexionen hierzu an die Hand. Für den schnellen Einstieg empfiehlt sich die kompakte Übersicht von Maria Funder (2018) über betrieblich ver-

Betriebsbegriff

Betriebliche Organisationen

Organisationen sind auf Dauer angelegte Gebilde, deren Mitglieder gemeinsame Ziele verfolgen. Die Bandbreite reicht entsprechend vom Verein im Dorf, über eine Schule bis hin zu weltweit agierenden Wirtschaftsunternehmen. Die Steuerungsprinzipien variieren entsprechend. Betriebliche Organisationen traten im 19. Jahrhundert mit der Industrialisierung auf den Plan. Heute sind sie als (auch virtuelle) Produktionsorte von sowohl Gütern als auch Dienstleistungen weit verbreitet. Der Begriff »Betrieb« ist folglich nicht auf Industriearbeit reduziert. Abläufe sind an Effizienzmaßstäben orientiert und i. d. R. arbeitsteilig organisiert. Kennzeichen sind formale Strukturen sowie Hierarchien, die sich auch aus dem Statusgefälle von Arbeitgeber:in/Beschäftigte:r ergeben.

fasste Organisationen, deren Geschichte und zentrale Forschungserkenntnisse unseres Fachs.

Quantitative Präsenz

Nun ist zu beobachten, dass inzwischen viele soziologische Wissensbestände in die Gesellschaft hinein diffundiert sind (vgl. auch
Späte 2015: 8) und der Stellenwert und Einfluss des Sozialen in der
Breite bekannter sind als noch in den 1970er Jahren. Dies liegt auch
an der quantitativen Präsenz von Soziolog:innen in der Gesellschaft:
Waren laut Auskunft des Statistischen Bundesamtes im Wintersemester 1972/73 lediglich 6.892 Studierende mit Erstfach Soziologie
eingeschrieben, verzeichnete man im Wintersemester 1992/93 schon
13.551, im Wintersemester 2002/03 sogar einen Spitzenwert von
22.456 Personen. Im Wintersemester 2019/2020 waren im Erstfach
Soziologie 19.218 Studierende eingeschrieben; hinzukommen 22.299
Studierende im Erstfach Sozialwissenschaften. 2019 erlangten 1.774
(2.017) Personen einen B. A.-Abschluss im Erstfach Soziologie (Sozialwissenschaft); den M. A.-Abschluss absolvierten 1.043 (1.093) Personen.

Soziologischer Blick

Trotz dieses gestiegenen Interesses am Fach und den Ausbil-
dungserfolgen bleibt es eine fortwährende Herausforderung, den Ertrag eines soziologischen Blicks zu untermauern. Als Soziolog:innen
werden Sie vor der Aufgabe stehen, den Betrieb als eine Gemengelage
aus Interaktionen und Beziehungen, aus Hierarchien und Arbeitsteilung, aus Individual- und Kollektivinteressen, aus Statuskämp-
fen usw. zu erfassen, zu bewerten und oftmals auch zu steuern. Die
Menschen, auf die Sie im Arbeitsleben treffen, sind für Sie daher nicht
lediglich Kolleg:innen oder Vorgesetzte, sondern stets auch interessengeleitete Akteur:innen, die eigenen professionellen Prämissen
und individuellen Präferenzen folgen. Gehen Sie Ihrer Arbeit gewis-
senhaft nach und liefern eine fundierte Reflexion und Gestaltung des
Betriebs als auch des sozialen Systems ab, können andere Professio-

ncn, wie etwa Ärzt:innen, wiederum ihrer Tätigkeit erfolgreich nachgehen. Von Vorteil ist: Die soziologische Analyse von Organisationen variiert mit dem Feld, folgt aber stets gleichen Leitlinien. Sie müssen Ihre an einem Verein entwickelten Kenntnisstände und Analyseinstrumente zwar fallbezogen anpassen, können aber vieles auf soziale Prozesse z. B. in einem Wirtschaftsunternehmen, einer Verwaltung, einem Krankenhaus, einer Hochschule oder einer Kirchengemeinde übertragen.

Claessens gibt Ihnen auch inhaltliche Hinweise mit auf den Weg, wenn er etwa die Relevanz der lebensweltlichen Einbindung der Erwerbstätigen untermauert. Es war schon in der damaligen Arbeitsforschung bekannt, dass sich die Ursachen z. B. für hohe Krankenstände oder die Leistungsverausgabung der Beschäftigten nicht ergründen lassen, wenn man lokale Besonderheiten oder familiale Einbindungen der Menschen unbeachtet lässt. Nach Claessens (1963: 268) besteht die Kompetenz von Soziolog:innen darin, sowohl eine Analyse des Betriebes ›nach Innen‹ ebenso aber auch ›nach Außen‹ vorzunehmen. Es gilt also auch Faktoren zu berücksichtigen, die vordergründig nicht direkt mit dem konkret zu lösenden Problem zu tun haben, wie z. B. die Absatzmärkte für die erstellten Produkt- und Dienstleistungen, Liefer- und Wertschöpfungsketten oder die regionale Infrastruktur. Letztere zieht eine ganze Reihe weiterer Einflussfaktoren nach sich, denken Sie etwa an das Wohnungsangebot vor Ort, den Nahverkehr, den Netzausbau, Betreuungsangebote für Kinder und pflegebedürftige Angehörige, Weiterbildungsoptionen oder die medizinische Versorgung. All diese Komponenten fallen nicht zwingend in Ihren Zuständigkeitsbereich. Als Soziolog:in wissen Sie jedoch um den Einfluss dieser (und vieler weiterer) Faktoren auf die im Betrieb arbeitenden Menschen, d. h. um die Verquickung der Lebens- und Arbeitswelten. Sie würden daher als Pressesprecher:in eines Unternehmens

Lebensweltliche Einbindung

Ihre Botschaften an das Management, die Aktionär:innen und die Absatzmärkte richten, wären sich dabei aber im Klaren darüber, welche Wirkung Ihre Worte in der Belegschaft und im sozialen Umfeld des Betriebs erzeugen.

Ist Soziologie eine besondere Zugriffsweise?

Soziolog:innen
als »Ärgernis«

Die Beispiele zeigen, dass die Soziologie eine Wissenschaft ist, die sich durch eine ganzheitliche Herangehensweise auszeichnet. Hieran entzünden sich jedoch zuweilen Konflikte im Arbeitsalltag. Sie wissen selbst, dass mit der Benennung eines Berufsfeldes noch nicht festgelegt ist, wofür Sie genau zuständig sind, und was man von Ihnen erwartet. Zudem müssen Sie sich auf unterschiedliche, z. T. auch widersprüchliche und konträre Erwartungen an Ihre Arbeit einstellen. Sind Sie etwa in der öffentlichen Verwaltung damit beauftragt, eine Richtlinie zur Gleichstellung von Menschen mit Migrationshintergrund zu entwerfen, dann werden die Akteur:innen auf Bundes- oder Landesebene oder in Stadt und Kommune allein durch ihre parteipolitische Verankerung unterschiedliche, teils auch konträre Wünsche an Sie richten. Zudem kann es passieren, dass Ihre professionelle, wissenschaftsbasierte Einschätzung des Themas in Konflikt zu Interessen von Vorgesetzten oder anderen Gruppierungen gerät (vgl. bereits Claessens 1963). Denn was mit Blick auf den Forschungsstand gut begründet sein mag, wird in der Praxis nicht immer (und selten von allen) mit Begeisterung aufgenommen – zumal eine ganzheitliche Reflexion jeden Sachverhalt komplexer macht und damit auch den Bearbeitungsaufwand erhöht. Bleibt sich »der Soziologe« treu, so Claessens, »dann wird sich nicht vermeiden lassen, daß er auf einen Betrieb verändernd wirkt, daß seine Analysen in vielen derzeit vorhandenen Fachsystemen ein Ärgernis bilden müssen« (276). Beck (1980) hat dies einmal als Spannungsverhältnis zwischen »kollegenabhängiger« und »klientenabhängiger« Praxis (417) bezeichnet. Sie benötigen daher nicht nur eine solide Kenntnis der Interessenlagen und Aushandlungsverfahren im Feld, sondern müssen auch abwägen, inwieweit Sie (um welchen Preis) professionelle Standards aufrechterhalten und für deren Umsetzung werben können und wollen.

In Anbetracht solcher Herausforderungen könnten Sie auf die Idee kommen, sich in der beruflichen Praxis von den Prämissen des Studiums und der Soziologie zu verabschieden. Für Claessens (1963) stellt dies jedoch die größte Gefahr dar. Denn würden Sie in eine »Betriebsblindheit« (268) verfallen und nur noch ›mitschwimmen‹, wäre Ihre Ausbildung verschenkt. Sie würden den Betrieb nicht mehr als soziales System reflektieren und die Fähigkeit einbüßen, den Akteur:innen im Feld die Funktionsweise der Organisation (mit allen dazugehörigen unbequemen Wahrheiten) zu spiegeln. Genau dies aber markiert den Unterschied zwischen Soziolog:innen und anderen Professionen: Während sich letztere auf ein spezifisches Fachgebiet konzentrieren, besteht Ihre Expertise darin, die Organisation in Gänze, in ihrer sozialen Kontextualisierung und aus einer Metaperspektive heraus zu bewerten. Gerade dies macht Sie für die Praxis attraktiv, weil man sich die kostspielige Einwerbung externer Evaluationen sparen kann. Soziolog:innen sind daher gut beraten, sich auf ihr Fach zu besinnen und sich ihre Distanz zum Geschehen zu bewahren.

Spiegelung der Zustände

Metaperspektive

»Meta« bedeutet, dass Sie Ihre Analyse von einer höheren Ebene, aus einer übergeordneten Perspektive heraus vornehmen. Eine »Metaanalyse« meint in der empirischen Forschung ein Verfahren, in dem Daten aus verschiedenen Erhebungen zusammengeführt und neu ausgewertet werden.

Lässt sich Ihr Potenzial voll ausschöpfen?

Befähigung zur Problemlösung

Das Studium befähigt Sie dazu, Auskunft über die Entwicklung und Zukunft der Gesellschaft zu geben. Sie können z. B. die Folgen von Globalisierung, Digitalisierung oder Fluchtmigration einschätzen ebenso aber auch die Dynamik der Demokratie oder des Kapitalismus als solche bewerten. Sie sind in der Lage, zu den brisanten Fragen der Zeit eine (zumindest grobe) Einschätzung abzugeben. Eine aufmerksame Rezeption dessen, was in der Gesellschaft passiert, ist daher unabdingbar. Die Erwartungen der Praxis sind indes oft anders gelagert. Man erhofft sich von Ihnen eine Lösung für die Probleme ›vor Ort‹, wie etwa die Ursachen für Zerstörung im Stadtviertel oder einen Anstieg von Schwangerschaften bei Minderjährigen zu erklären oder den Ertrag von Weiter- und Umqualifizierungsangeboten für Arbeitssuchende zu bewerten. Sie müssen daher am konkreten Arbeitsplatz abwägen, ob Sie die großen (und zumeist politisch aufgeladenen) Fragen der Gesellschaft aufwerfen oder gar für radikale Systemwechsel werben.

Möglichkeitswissenschaft

»Ich habe die Welt nicht verändert«, so bilanziert Marie Jahoda (1997), die Ihnen in der Studie »Die Arbeitslosen von Marienthal«, einem Klassiker der empirischen Forschung, begegnen wird, bescheiden ihr Lebenswerk. Auch sie musste in ihrer beruflichen Praxis zuweilen Abstriche machen und Ansprüche überdenken. Und doch hat ihr Werk eine Spur hinterlassen und Generationen von Wissenschaftler:innen geprägt. Nicht umsonst gilt sie, wie der Verlag zurecht untertitelt, als eine »Pionierin der Sozialforschung«. Das Studienmotiv »die Gesellschaft verändern« muss also keineswegs aufgegeben werden. Mal ist in einem Berufsfeld explizit gefragt, gänzlich neue Gesellschaftsmodelle oder Varianten des Wirtschaftens, des Konsums, der Mobilität o. Ä. zu entwerfen und utopisch anmutende

Entwürfe zu wagen; mal hingegen geht es um Verbesserungen von konkreten Abläufen, Beziehungs- oder Gruppendynamiken. Normativität und professionelles Auftreten schließen sich hier nicht aus, da Soziolog:innen explizit angeworben werden, um auf allen Ebenen des Handelns Widersprüche und Diskrepanzen aufzudecken, bisherige Prämissen des Agierens zu hinterfragen und alternative Vorgehensweisen auszuloten. Die berufliche Praxis ist daher als Aufklärungsarbeit darüber zu begreifen, dass und wie sich das Soziale (auch anders als bislang) gestalten lässt. Claessens (1963) spricht sich daher für eine »Art zurückhaltender Normativität« (276) aus, doch ist damit der Anspruch, der Gesellschaft ihre Potenziale aufzuzeigen, nicht aufgeben. Nicht umsonst betiteln viele Vertreter:innen des Fachs die Soziologie als Möglichkeitswissenschaft.

> **Soziologie als Möglichkeitswissenschaft**
>
> In den 1930er Jahren hat der Schriftsteller Robert Musil in seinem Roman »Der Mann ohne Eigenschaften« einen Hinweis darauf gegeben, statt des rein »Wirklichen« auch das »Mögliche« zu denken. Nicht lediglich das, was ist, sondern auch das, was sein könnte, gewinnt dadurch an Aufmerksamkeit. Bezogen auf die Soziologie lässt sich eine ähnliche Sichtweise feststellen: Diese Wissenschaft ist nicht nur imstande, die gesellschaftlichen Verhältnisse zu spiegeln, sondern kann auch Alternativen, d. h. die Möglichkeiten einer ›anderen‹ Gesellschaft aufzeigen, und sie schärft mittels dieser Kontrastierung ihr Verständnis der aktuellen Zustände.

Die Soziologie ist eine Disziplin, die Ihnen viel Fachwissen über das Soziale sowie vertiefende Theorie- und Methodenkenntnis an die Hand gibt. Vor allem aber, dies haben die gewählten Beispiele hoffentlich erhellen können, geht sie mit einem spezifischen Zugriff auf Probleme einher. Dadurch eröffnen sich weit mehr Einsatzbereiche, als die Arbeitsagenturen, die Sammelbände zu Berufsfeldern oder die diversen Internetseiten auflisten. Als Expert:innen für das Soziale, als »Generalist:innen« und zugleich »Umwandler:innen in systematische Informationen« sind Sie vielmehr dafür qualifiziert, immer dann eingesetzt zu werden, wenn es Erklärungen menschlicher

Expert:innen für das Soziale

Handlungsweisen bedarf. Besondere Wertschätzung erhalten Absolvent:innen unseres Fachs überall dort, wo man die Augen vor den komplexen Zusammenhängen und Wechselwirkungen im Sozialen nicht verschließt, und wo man offen für eine kritische Revision des Bestehenden ist. Für eine bestmögliche Entfaltung sind daher manche Berufsfelder und hier wiederum manche Positionen zuträglicher als andere. Abhängig von Ihrem persönlichen und professionellen Selbstverständnis, von Ihren Zielen und thematischen Vorlieben sollten Sie nun abwägen können, wo Sie am besten platziert wären. Für welche Aufgaben wollen Sie zuständig sein? Welche Verwertungslogiken sind Sie bereit zu akzeptieren? Welche Interessengruppen sollen von Ihrer Expertise profitieren dürfen?

Karriereverlauf   Mit dem Einstieg in ein konkretes Berufsfeld ist noch nichts besiegelt. Gerade in der Etablierungsphase sind Wechsel üblich, und auch innerbetrieblich bieten sich Optionen für Veränderung. In einer Erhebung des Statistischen Bundesamts (2020) gaben fast die Hälfte der Befragten an, seit mindestens zehn Jahren bei der aktuellen Arbeitgeber:in beschäftigt zu sein. Von einem »Job-Hopping« kann also keine Rede sein. Vielmehr machen viele Erwerbstätige von den Aufstiegs- und Wechselmöglichkeiten innerhalb der Organisation Gebrauch – und mit dem Studienabschluss sind die Qualifizierungsoptionen keineswegs ausgeschöpft. Gerade die Hochqualifizierten und Akademiker:innen zählen zu jenen, die offensiv Angebote der Weiterbildung in Anspruch nehmen, und die davon profitieren, dass auch Arbeitgeber:innen solche Engagements unterstützen (→ Kap. 7). So entscheidend also die Wahl des ersten Berufsfeldes sein mag: Ihr Karriereverlauf ist damit noch nicht gänzlich festgelegt.

✓ Sie wissen um die Fragilität von Gesellschaft und menschlicher Existenz,

✓ eine stets nur begrenzte Planungsmöglichkeit des Lebens und

✓ den Vorteil einer flexiblen Lebensgestaltung, die den Umgang mit dynamischen Bedingungen erleichtert.

✓ Ihnen sind »Negativlegenden« über Soziolog:innen bekannt, ebenso aber auch die Tatsache, dass diese einer empirischen Überprüfung nicht standhalten.

✓ Sie wissen um Ihre vielfältigen Einsatzbereiche, die weit über das hinausreichen, was gemeinhin als spezifische Berufsfelder aufgelistet wird.

✓ Ihnen ist bewusst, dass Ihre Expertise auf unterschiedlichste Organisationen anwendbar und dass erworbenes Wissen übertragbar ist.

✓ Sie sind damit vertraut, dass sich Ihre Disziplin durch einen ganzheitlichen Zugriff auf Probleme auszeichnet.

✓ Den Begriff »Betrieb« wenden Sie in einem weit gefassten Verständnis an.

✓ Betriebe begreifen Sie als soziale Gebilde, die in ihrer Binnen- und Außendynamik zu analysieren sind.

✓ Sie wissen, dass Entgelt, Status und berufliche Entfaltungsspielräume nach Branche, Betrieb und konkreter Positionierung variieren,

✓ dass Bewerbung und Vorstellungsgespräch eine gründliche Kenntnis über die avisierte Branche und den Betrieb dokumentieren müssen, und

✓ dass sich die zukünftigen Herausforderungen für das gewählte Feld über den soziologischen Forschungsstand eruieren lassen und in der Bewerbung zur Sprache kommen sollten.

✓   Als Expert:innen für das Soziale haben Sie das Vermögen, dem Betrieb seine Funktionsweise zu spiegeln.

✓   Sie sind in der Lage, Defizite und Potenziale aufzuzeigen und alternative Handlungsweisen vorzuschlagen, und

✓   bleiben deshalb fortwährend auf kritischer Distanz zu den Abläufen im Betrieb und sind sich der unterschiedlichen Erwartungen und Interessen der Akteur:innen gewahr.

✓   Sie wissen, dass Sie bevorzugt um konkrete Problemanalysen gebeten werden, aber ebenso auch umfassende Metareflexionen beherrschen, und Sie sich dahingehend von allen anderen ›Professionellen‹ unterscheiden.

An dieser Stelle haben Sie hoffentlich mehr Klarheit für sich darüber gewinnen können, wozu Sie ein Studium der Soziologie befähigen kann, und wo man Sie am Arbeitsmarkt warum einsetzen könnte. Mit den bündelnden Check-Listen haben Sie viele Punkte parat, die Sie bei Nachfragen zur Expertise der Soziologie aufrufen können. Im folgenden Kapitel möchte ich mich nun dem Studium zuwenden. Hier gilt es noch einmal auszuloten, worin die Praxisbezüge der Ausbildung bestehen, und wie sich die Lehrangebote für die Vorbereitung auf den Berufseinstieg nutzen lassen.

6. Praxisbezüge im Studium
... sind keine Mangelware

Noch in den 1980er Jahren kam Beck (1980) zu dem Urteil, dass »viele Soziologen (sehr wortreich und mit vielen Argumenten) die Praxis scheuen wie der Teufel das Weihwasser« (417). Heute stellt sich die Lage anders dar. Soziolog:innen sind in den verschiedensten Feldern mit der Klärung von Sachverhalten beauftragt, und sie schaffen Anlässe und entwerfen Formate für den gesellschaftlichen Dialog. Dass Ihr Studienfach überaus praxisorientiert ausgerichtet ist, lässt sich exemplarisch an zwei Punkten illustrieren:

Zum einen gilt für die Soziologie an Universitäten, dass sie, wie alle anderen dort verankerten Wissenschaften, von der öffentlichen Hand finanziert wird. Dies basiert auf der traditionsreichen Einsicht, dass wissenschaftliche Erkenntnisse dazu verhelfen, die Lebensbedingungen der Menschen zu verbessern. Forschung soll der Allgemeinheit zu Gute kommen; und sie wird auch dann gefördert, wenn sich ihre Rentabilität noch gar nicht abschätzen lässt. Innovationen wären anders kaum denkbar. Darüber hinaus aber haben die an Universitäten platzierten Wissenschaften auch einen Bildungsauftrag zu erfüllen. Dieser richtet sich an die Gesellschaft in Gänze, die fortwährend über Erkenntnisse aufgeklärt werden will. Über die (weitgehend kostenfreie) akademische Ausbildung soll sichergestellt sein, dass Absolvent:innen aktuelle Wissensbestände in die Berufsfelder

Bildungsauftrag

hineintragen. Zahlreiche Studiengänge und Angebote richten sich explizit an bereits Berufstätige. Seit einigen Jahren steht die Forderung im Raum, die Hochschulen stärker in Weiterbildungsaktivitäten einzubinden, um die Erwerbsbevölkerung für die Herausforderungen der digitalen Transformation zu qualifizieren (vgl. Jürgens et al. 2017: 78 ff.).

Expertise für die Gesellschaft

Die Wissenschaften sind sich all dieser Erwartungen gewahr. Sie verschreiben sich primär dem Erkenntnisgewinn, folgen dabei aber der Devise, der Gesellschaft etwas ›zurückzugeben‹. Dass wissenschaftliche Ergebnisse nicht ausschließlich auf Akzeptanz stoßen, darf dabei nicht verschwiegen werden. Es gibt Forschung, etwa zu Gentechnik oder Selbstlernenden Systemen, deren Einsatz gesellschaftlich und politisch hoch umstritten ist. Wissenschaftliches Arbeiten steht daher, dies ist auch Teil von Berufspraxis, in einem fortwährenden Abwägungs- und Aushandlungsprozess darüber, ob alles, was möglich ist, auch erforscht, mitgeteilt und eingesetzt wird.

Kooperation mit der Praxis

Zum anderen ist die Verbindung zur Praxis für die Soziologie existenziell, ist sie doch eine auf das Soziale ausgerichtete Wissenschaft. Würde sich die Praxis (seien es Schulen, Vereine, Unternehmen, Verbände, Gruppen oder Einzelpersonen) einer Befragung oder Beobachtung verweigern, stünde die empirische Forschung schnell vor dem Aus. Wenn Sie Ihre Lehrenden auf Kontakte zur Praxis ansprechen, werden Sie erstaunt sein, wie vielfältig die Kooperationen sind. Diese Verbindungen werden nicht nur für Datenerhebungen und die Konzeption von Forschungsprojekten gepflegt, sondern auch um Ihnen den Weg in Praktika oder die spätere Berufstätigkeit zu ebnen. Zwar lassen sich immer nur für einige wenige Studierende Kontakte vermitteln, aber an fast allen Studienstandorten werden Veranstaltungen organisiert, um Vernetzung hin zur Praxis herzustellen. Dies sind z. B. die bereits erwähnten Vortragsreihen, in denen ehemalige

Studierende und/oder Vertreter:innen aus diversen Praxisfeldern aus ihrem Berufsalltag berichten. Es gibt aber auch viele andere Anlässe, zu denen Universitäten Expert:innen ›von Außen‹ hinzuziehen, und die Sie als Studierende besuchen können, wie z. B. Tagungen, Abendvorträge, Colloquien u. Ä.

Viele unter Ihnen werden sich für das Fach entschieden haben, weil Sie die Soziologie ›in Aktion‹ erlebt haben, sei es über die Medien, sei es über persönliche Kontakte zu ausgebildeten Soziolog:innen, die inzwischen in allen Berufsfeldern zahlreich vertreten sind (→ Kap. 5). Doch auch wenn die Soziologie heutzutage eine viel größere Präsenz in der Praxis hat als noch in den 1980er Jahren und sie aus Eigeninteresse in engem Dialog mit ihr steht, hätten viele Studierende gern eine konkrete Auskunft.

»Wann findet das mit der Praxis eigentlich im Studium genau statt?«

... wollte ein Student in einer Einführungswoche von mir wissen. Eine erste Antwort hierauf fiel mir damals leicht. Ich konnte auf eine Ringvorlesung hinweisen, in der jede Woche ein Berufsfeld für Soziolog:innen vorgestellt wird und als Gast eine Person aus der Praxis hinzugezogen wird. Ich skizzierte, was wir uns vom Praktikum versprechen, und dass dieses in einem nachbereitenden Seminar ausführlich reflektiert wird. In diesem Seminar, so konnte ich anmerken, erhöht sich der Praxisbezug nochmals, weil hier Studierende Interviews im gewählten Berufsfeld führen. Sie können dadurch aus der Rolle als ›nur‹ Praktikant:in heraustreten und den Bereich nochmals, nun ohne formale Abhängigkeit von der praktikumsgebenden Einrichtung, wissenschaftlich durchleuchten. Der Student war mit der Antwort zufrieden und sah sich in seiner Entscheidung für den Studiengang bestärkt.

Praxis im Studium

Berufsorientierung
im Studium

Und doch ist einzuräumen, dass es keine leichte Aufgabe ist, die berufliche Verwertbarkeit der Soziologie zu erkennen. Im Zuge der Bologna-Reform haben alle Studienstandorte die Orientierung auf Berufsfelder verstärkt, und die Universitäten zielen aus guten Gründen auf eine Qualifizierung für unterschiedliche Einsatzbereiche. Eine Studierendenbefragung an der TU Dresden (Blaich/Grunow 2020: 54 f.) kommt gleichwohl zu dem Ergebnis, dass unter allen Verbesserungsvorschlägen für die Ausbildung der Wunsch nach einem stärkeren Praxisbezug noch immer dominiert. Es gilt also nach weiteren Argumente Ausschau zu halten, die eine besondere Expertise des Fachs und seine Praxistauglichkeit untermauern. Beginnen wir hierfür mit dem Studium an sich:

Bologna-Prozess

Um Hürden für die länderübergreifende Mobilität abzubauen, einigten sich die europäischen Bildungsminister:innen 1999 in Bologna (Italien) auf eine wechselseitige Anerkennung von Studienabschlüssen. Zugleich aber wurden tiefergehende Eingriffe in die Hochschulausbildung vorgenommen, die auf Kritik auch seitens studentischer Vertretungen stießen. An einer Sie selbst betreffenden Reform, ihren Folgen und anhängigen Kontroversen können Sie eruieren, wie Bildung verhandelt und gestaltet wird und welche Strategien die Akteur:innen im Feld entwerfen, um eigene (professionelle) Prinzipien durchzusetzen bzw. zu verteidigen.

Wo lässt sich im Studium der Praxisbezug finden?

Praxisbezüge
der Angebote

Das Studium markiert eine weitere Phase der Sozialisation (→ Kap. 3), in der Sie die an der Universität gängigen Kommunikations- und Arbeitsweisen erst kennenlernen und einüben müssen. Dass Sie mitunter schon zum Start der Ausbildung gern wüssten, was Sie in der späteren beruflichen Praxis zu tun haben werden, ist verständlich, lässt sich aber in den ersten Semestern nur schwer vermitteln. Denn wie soll man Ihnen erläutern, was die Ausbildung im Fach für das Berufsleben ›bringt‹, wenn Sie noch nicht einmal wissen, worum es der

Soziologie überhaupt geht? Die Frage, wo Lehrende besondere Vortragsreihen oder explizite Praxisbezüge im Studiengang platzieren, ist daher alles andere als banal: an den Anfang, wo Sie noch nicht viel über das Fach wissen? Oder eher in späteren Semestern, wo Sie besser mit den Perspektiven und Konzepten vertraut sind? Zudem, dies haben die letzten Kapitel gezeigt, müssen Sie viele Fragen selbst klären, etwa Ihr Selbstverständnis ergründen, mit dem Sie das Studium angetreten haben und fortsetzen, oder auch Ihre Wünsche für den späteren Berufsalltag benennen. Die Lehrenden können Sie hierbei unterstützen, letztlich aber ist Ihr eigenes Zutun gefragt. In jedem Fall aber ist allen Beteiligten anzuraten, ins Gespräch über die beruflichen Perspektiven einzutreten: Lehrende könnten noch expliziter darauf hinweisen, welche Verbindungslinien sie zur Praxis sehen; Sie sollten es sich zur Gewohnheit machen, in jeder Veranstaltung nach solchen Bezügen zu fragen. Es sind also beide Seiten gefragt. Scheuen Sie nicht, die Dozent:innen anzusprechen. Ich kann Ihnen versichern, dass die meisten fast alles, was sie vermitteln, als praxisrelevant bewerten würden und Ihnen dies gut begründen und an Beispielen illustrieren können.

Hinsichtlich der thematischen Ausrichtung des Studiums dürfte es kaum einen Zweifel darüber geben, dass eine Verbindung zur Praxis besteht. Die in den Seminaren platzierten Speziellen Soziologien greifen aktuelle, ebenso aber auch grundsätzliche Probleme der Gesellschaft auf und sind zumeist eng mit Berufsfeldern verflochten (→ Kap. 4). Aber auch Vorlesungen über Theorien und Methoden schlagen solche Brücken. Theorien bieten Ihnen ein Gerüst zur Interpretation eines Sachverhaltes an; sie lassen sich als vertiefende Vorüberlegungen für das Verständnis des Sozialen nutzen. Zwar sind manche Theorien derart komplex, dass ihre Aneignung etwas zeitintensiver ist, im Studium werden Sie aber zahlreiche Konzepte und

Ansätze kennenlernen, die sich schnell erfassen und unmittelbar anwenden lassen (→ Kap. 8). Zudem erlernen Sie im Studium, Verfahren der Datenerhebung und -auswertung souverän anzuwenden. Empirische Daten wiederum (seien es eigene oder aus dem Forschungsstand des Fachs) können Sie heranziehen, um bisherige Annahmen zu einem Sachverhalt zu überprüfen.

Leistungsnachweise   Möglicherweise haben Sie aber grundsätzlichere Fragen an die Studienorganisation, z. B. nach der Notwendigkeit von Klausuren, Referaten und Hausarbeiten, die den Studienalltag stark prägen. Tatsächlich ließe sich die Variationsbreite noch erhöhen. Die Lehrenden sind i. d. R. sehr aufgeschlossen für alternative Formate wie Poster, Essays, Erklärvideos oder Podcasts. Dennoch gibt es gute Gründe dafür, an bekannten Leistungsnachweisen festzuhalten:

Referate   In *Referaten* stellen Sie mündlich und vor Publikum die Ergebnisse Ihrer Recherche und Auswertung vor. Thesenpapiere oder Handouts sollen die Verständlichkeit verbessern und Ihre Argumentation nachvollziehbar machen; oft ist auch eine Visualisierung erwünscht und hilfreich. In einer anschließenden Diskussion begründen Sie, warum Sie zu welchen Schlussfolgerungen gelangt sind, und entwickeln anhand der Fragen und Debattenbeiträge Ihren Kenntnisstand weiter. Die Ergebnisse halten Sie in einem Protokoll fest. Das Referat ist (in Vorbereitung und Vortrag) zeitlich limitiert. Wenn Sie sich an Claessens Hinweise zur beruflichen Praxis erinnern, leuchtet Ihnen sofort ein, wozu all dies dient: Sie sollen rhetorisch und argumentativ so geschult werden, dass Sie komplexe Sachverhalte in knapper und zugespitzter Form erhellen und sich auch in kontroversen Debatten oder in Konfliktsituationen behaupten können. Zahlreiche didaktische Instrumente wie Pro-Contra-Diskussionen, Studierendenkonferenzen oder die Fishbowl-Methode zielen auf dasselbe, hier dann bezogen auf eine Gruppe. Warten Sie nicht darauf, dass Ihnen Lehrende verschiedene Methoden der Referat- und Sitzungsgestaltung vorgeben, sondern überlegen Sie, wie sich für Sie selbst und die Gruppe der bestmögliche Erkenntnisgewinn sicherstellen lässt. Nirgends jenseits der Universität haben Sie derart ideale Bedingungen dafür, verschiedene Vortrags- und Diskussionsvarianten auszuprobieren und sich in der Moderation und Verhandlung von Sichtweisen zu üben.

> **Fishbowl-Methode**
>
> Um Diskussionen in großen Gruppen anzuregen und zu strukturieren setzt sich hier eine kleinere Gruppe in einen Innenkreis und führt die Debatte. Personen aus dem Außenkreis können entweder jemanden aus dem Innenkreis ablösen oder sich auf einen ggf. hierfür freigehaltenen Stuhl setzen. So können immer wieder neue Gedanken oder andere Meinungen in die Diskussion einspeist werden.

Hausarbeiten sollen Ihr argumentatives Geschick in der schrift- **Hausarbeiten** lichen Kommunikation schulen. Zwar dominieren im beruflichen Alltag kurze mündliche Präsentationen, doch läuft vieles auch über Schriftverkehr ab. Präzises Argumentieren ist hier existenziell: Je mehr Gegenwind Sie für eine Position oder Idee erwarten, desto treffsicherer und pointierter müssen Ihre Texte formuliert sein. Mögliche Einwände und Kritikpunkte oder auch alternative Meinungen sollten Sie daher in Ihre Argumentation aufnehmen. Damit stellen Sie nicht nur unter Beweis, dass Sie alle denkbaren Effekte oder potenziellen Probleme berücksichtigt haben, sondern Sie holen die Adressat:innen auch dort ab, wo diese (argumentativ) stehen. Eine Hausarbeit bereitet insofern optimal darauf vor, in der Praxis zu kommunizieren, auch wenn es sich dort eher um eine längere E-Mail an z. B. eine Abteilungsleitung oder einen Vorstand handeln dürfte. Jedes Wort, der Aufbau und die Argumente sind hier sorgfältig abzuwägen.

Arbeiten Sie im Studium Referate oder Hausarbeiten in Teams **Teamwork** aus, ist dies die beste Vorbereitung auf die spätere Kooperation in der Arbeitswelt. Denn hier werden Sie mit Menschen zusammenarbeiten dürfen (aber auch müssen), selbst wenn Sie diese nicht kennen, deren

Einschätzungen nicht teilen oder jemanden schlichtweg unsympathisch finden. Das Studium ist daher auch ein Training in ›Teamwork‹. Da sich dies in Vorlesungen nicht einüben lässt, finden bereits im ersten Studienjahr Tutorien statt, in denen Sie in Gruppen arbeiten. Das mehrjährige Studium bietet zahlreiche Anlässe, sich in der Kooperation auszuprobieren und zu verbessern. Die Lehrenden stehen Ihnen hierbei beratend zur Seite, letztlich aber müssen Sie Ihren eigenen Stil finden, der Ihrer Persönlichkeit und Ihren Talenten entspricht.

Klausuren   *Klausuren* finden zumeist statt, weil in den Einführungsvorlesungen der ersten Semester eine große Zahl von Studierenden zu betreuen ist. Auch hier geht es aber um etwas Ähnliches: Sie sollen lernen, Ihre Erkenntnisse ad hoc und unter Zeitdruck souverän zu präsentieren. Auch in der Soziologie müssen manche Definitionen und Erklärungen (auswendig) gelernt werden. Wochenlange Bearbeitungsfristen wie bei Haus, Bachelor- oder Masterarbeiten werden Ihnen auf den meisten beruflichen Positionen nicht eingeräumt. Die Taktung, in der Ergebnisse abzuliefern sind, ist hier deutlich kürzer. Es ist daher kein Zufall, dass Sie in Beschreibungen zum Studiengang immer wieder Hinweise auf »Zeit- und Projektmanagement« finden oder Leistungen hierzu gar mit Credits belohnt werden. Alle Hochschulen bieten hierzu gesonderte Trainings an. Ohnehin steht Ihnen an der Universität mit den vielen Fächern ein so umfassendes (und kostenloses) Weiterbildungsangebot offen, wie Sie es später nirgends finden werden. Nutzen Sie also diese Vielfalt, auch wenn sich nicht alles mit Credits verbuchen lässt. Ein Studium ist keine Credit-Sammlung, sondern ein in weiten Teilen selbstgestaltetes Projekt. Sie müssen also nicht nur bezogen auf Referate und Hausarbeiten, sondern auch den Studienverlauf im Ganzen festlegen, welche Ziele Sie sich setzen und wann erreichen wollen. Zugleich sollten Sie sich aber auch gönnen, sich ein wenig treibenzulassen und Ihrer Neugier zu folgen.

Sie werden auf diese Weise im »Zeit- und Projektmanagement« und der Kompetenz zur Selbststeuerung geschult, fixieren sich aber nicht zu starr auf externe Vorgaben und bleiben aufgeschlossen für Neues.

Für beide *Ausdrucksformen*, für Schrift und Vortrag, gilt, dass Sie verständlich argumentieren und im konkreten Feld anschlussfähig sein müssen. Wenn Sie Ihr Studium beginnen, werden Sie zunächst feststellen, dass Ihnen viele Fremdwörter begegnen und Sie nicht auf Anhieb alles verstehen, was man Ihnen in Vorträgen oder über Texte zu vermitteln versucht. Sie müssen erst lernen, sich in der <u>Fachsprache</u> zurechtzufinden und diese auch selbst anzuwenden. Im Laufe des Studiums werden Sie sich zusehend wissenschaftlicher auszudrücken verstehen; Ihre Sprache wird sich also verändern und Ihr Wortschatz vergrößern. Auch wird es passieren, dass Sie im Alltag Begriffe aus dem Studium verwenden, die anderen fremd sind.

> **Fachsprache**
>
> Wissenschaftliche Publikationen zeichnen sich durch einen formalisierten Stil aus, der auf umschweifende Erzählungen, Illustrationen und Bezüge auf die eigene Person verzichtet. Eine Definition gängiger Fachtermini wird häufig ausgespart, da deren Kenntnis vorausgesetzt wird. Dadurch ist die Wissenschaftssprache für Lai:innen zuweilen unverständlich, ihr Ertrag entsprechend kaum zu bewerten. Wissenschaften sind daher gut beraten, ihre Erkenntnisse sowohl in einer Fachsprache als auch in einer Alltagssprache verständlich zu formulieren.

Die Soziologie, denken Sie etwa an Bourdieu und seine Analysen zur Distinktion, weiß um den Stellenwert des Ausdrucksvermögens für den beruflichen Erfolg, markiert dieses doch einen wichtigen Baustein des professionellen Habitus. Sprache provoziert Abgrenzungen und initiiert Auf- und Abwertungen, sie ist zugleich aber auch für die eigene Positionierung nutzbar und erleichtert das Verständnis, wenn Sie auf Ihresgleichen stoßen. Im Gespräch mit anderen Akademiker:innen und insbesondere Soziolog:innen dürften Sie sich deshalb besonders verstanden fühlen. Im beruflichen Alltag ist hingegen

Sprache als Brücke

Anpassung erforderlich. Hier treffen Sie auf Gesprächspartner:innen mit unterschiedlichsten Qualifikationsniveaus und disziplinären Verankerungen. Ihr Studium bereitet Sie deshalb darauf vor, sprachlich korrekt, aber für die Praxis anschlussfähig zu bleiben. Dies wird Ihnen insbesondere in der Schulung für qualitative Interviews oder die Erstellung von Fragebögen vermittelt; auch viele Projektseminare haben zum Ziel, einen Duktus für die Ansprache der breiten Öffentlichkeit einzuüben. Sich auf die Sprache eines Feldes einzulassen bedeutet nicht, dass Sie sich verstellen oder gar ›verbiegen‹ sollen, doch darf Ihr Auftreten keine Missverständnisse oder gar Abwehr provozieren.

Zitation
Im wissenschaftlichen Studium erlernen Sie auch, dass Sie alle *Quellen* Ihrer Erkenntnis angeben und korrekt zitieren müssen. Dies kann eine sehr aufwendige Angelegenheit sein, die jedoch unabdingbar ist. Denn hierbei geht es um nichts Geringeres als einen Rechtsanspruch auf Urheberschaft. Wer eine neue Idee hat, kann ein Patent für ein neues Produkt anmelden; rein geistiges Eigentum hingegen ist weit schlechter zu schützen und auf Zitation angewiesen. Die Wissenschaften verpflichten sich deshalb, Ideen anderer stets als solche zu kennzeichnen. Damit ist sichergestellt, dass es sich lohnt, Geld, Zeit und Mühe in neue eigene Ideen zu investieren. Dass es Ausnahmen hiervon gibt, wird Sie nicht erstaunen. So begegnen Ihnen in fast allen Einführungswerken ins Fach die sogenannten »Gründer*väter*« der Soziologie. Schon bevor die Soziologie jedoch als eigenständige wissenschaftliche Disziplin entstand, arbeitete Harriet Martineau in den 30er Jahren des 19. Jahrhunderts de facto als Soziologin und warb für die Untersuchung der Gesellschaft: Sie führte, wie Susan Hoecker-Drydale (1998) recherchiert hat, u. a. Beobachtungen und Interviews durch, entwarf hierfür eine intersubjektiv überprüfbare Systematik und spiegelte der Gesellschaft ihren Zustand. Ihre Leistungen sind heute kaum jemandem bekannt.

Im Verlauf des Studiums werden Sie feststellen, dass viele Er-   Primärquellen
kenntnisse der Soziologie von anderen weiterverwendet werden.
Zahlreiche Hand- und Lehrbücher liefern Ihnen komprimierte Zu-
sammenfassungen der Werke anderer und halten selbstverständlich die Zitierregeln streng ein. Dennoch darf diese Lektüre nicht
dazu verleiten, die Originale aus dem Blick zu verlieren. Wollen Sie
im Fach einen akademischen Abschluss erwerben, dann sind die Ur-
sprungstexte stets Ihre zentrale Referenz. Wollen Sie Ihr professionelles Selbstverständnis und Profil schärfen, dann können Sie sich
nicht auf die Wiedergabe durch Dritte verlassen, sondern müssen
sich selbst einen Eindruck verschaffen. Mindestens zu Ihren thematischen Schwerpunkten ist daher die Einsicht in die Originalquellen
unabdingbar. Sie werden feststellen, dass diese gänzlich neue Perspektiven eröffnen können – und oft leichter verständlich sind als die
komprimierten Sekundärquellen.

Eine gründliche Quellenrecherche und Zitationsweise sind auf-   Kollegialität
wendig, stehen aber ebenfalls in unmittelbarem Bezug zur beruflichen Praxis. Denn die Bezugnahme auf Andere, die ähnliche Fragen
stellen oder zu vergleichbaren Erkenntnissen kommen, schwächt
keineswegs Ihre eigene Position, sondern stärkt diese sogar. Zugleich
verankern Sie sich mit solchen Querverweisen in Ihrer Profession und
profitieren somit auch von deren Reputation. Dies gilt in der Wissenschaft, ebenso aber auch in der Praxis: Wenn Sie aufzeigen, wie sich
Ihre Ideen in den gegenwärtigen Diskussionsstand einfügen, werden
Sie umso überzeugender sein. Zugleich gebietet sich die Referenz an
das Werk anderer auch aus Gründen der Kollegialität. Arbeitskultu-
ren erweisen sich besonders dann als erfolgreich, wenn die von den
Einzelnen erbrachten Leistungen auch Anerkennung und Wertschätzung erfahren. Sich die Ideen anderer zu eigen machen, ohne deren
Urheberschaft zu nennen, würde dem diametral entgegenstehen und

Arbeitskultur

Arbeiten Menschen zusammen und verfolgen gemeinsame Ziele, teilen sie zumeist auch gemeinsame Werte, Haltungen und Vorstellungen zu geeigneten Arbeitsweisen. Es entsteht eine Arbeitskultur, die oftmals nirgends festgeschrieben ist, sondern sich Neulinge im Prozess der Kooperation aneignen. Betriebs- und Unternehmenskulturen beziehen derlei auf die Organisation in Gänze und werden oftmals seitens des Managements ausformuliert und als Instrument zur Konsolidierung nach Innen und Außen eingesetzt.

einer produktiven Zusammenarbeit zuwiderlaufen. Nun mag es Situationen im Berufsalltag geben, in denen Sie gar nicht mehr rekonstruieren können, wer wann welche Idee eingebracht hat. Dies ist aber in der Wissenschaft nicht grundsätzlich anders. Denn diese Handreichung hätte ich, da ich seit vielen Jahren an Universitäten lehre, ebenso ohne jeglichen Bezug auf andere Soziolog:innen verfassen können. Die Sichtung verschiedener, auch älterer Quellen hat mir jedoch die Bewertung der aktuellen Lage leichter gemacht. Anstatt das ›Rad neu zu erfinden‹, empfiehlt es sich in der beruflichen Praxis, die Erfahrungen von Vorgänger:innen und Kolleg:innen aufzugreifen. Diese geben Ihnen weitere Hinweise darauf, welche Vorgehensweisen sich bislang als erfolgreich erwiesen, und welche Vorschläge warum durchsetzungsfähig waren oder scheiterten.

Mut zur Anwendung
Dass Sie im Rahmen des Studiums viele Möglichkeiten haben, mit Personen aus der beruflichen Praxis in Kontakt zu treten, habe ich bereits mit Verweis auf die diversen Veranstaltungsformate an der Universität angesprochen. Damit sind aber die Optionen für eine frühzeitige *Vernetzung* keineswegs ausgeschöpft. Vielmehr sollten Sie alle Ihre Veranstaltungen und das Studium generell als eine Phase begreifen, in der sich theoretisch erworbenes Wissen in der Praxis anwenden und erproben lässt – und zwar begleitend zu Ihrer Ausbildung. Wenn Sie Seminare besuchen, in denen es um empirische Methoden der Sozialforschung geht, warum probieren Sie diese dann nicht einmal in Ihrem sozialen Umfeld aus? Es ist davon abzuraten, sich in der

Familie oder im Freundes- und Bekanntenkreis soziologisch ›auszutoben‹. Einen Leitfaden für ein Interview oder einen Fragebogen können Sie jedoch beliebig testen, solange alle Beteiligten über Ihr Anliegen aufgeklärt sind.

Darüber hinaus können Sie bereits in einer frühen Phase des Studiums Kontakt zu konkreten Praxisfeldern und den dort tätigen Expert:innen aufnehmen. Denn warum sollten Sie nicht zur Vorbereitung auf ein Referat, neben den üblichen wissenschaftlichen Quellen, auch die Einschätzungen aus der Praxis aufgreifen? Für alle Themen, die Ihnen die Speziellen Soziologien anbieten, werden Sie vor Ort zahlreiche Anknüpfungspunkte finden. Dies können staatliche Institutionen, Unternehmen, Selbsthilfegruppen, Vereine, Parteien, Bürgerinitiativen und vieles mehr sein. Der Zugang zu diesen Akteur:innen ist nicht immer einfach, zumal diese unter einem hohen Zeitdruck arbeiten und kaum Nischen für Interviews mit Studierenden haben dürften. Es empfiehlt sich daher, nicht bei den Führungspersonen einzusetzen, sondern bei jenen, die in diesen Organisationen mitarbeiten. Gerade Vereine und Verbände, in denen viel zu tun, aber das Budget knapp ist, dürften sich erfreut zeigen, wenn sich Studierende für das Themenfeld interessieren und bereit sind, ihnen mit der Kenntnis des Forschungsstandes bei der Lösung einiger Probleme zu helfen. In der Betreuung solcher studentischen Projekte oder der zahlreichen Praktika habe ich miterleben können, dass die Praxisfelder ein großes Interesse am Austausch haben und von den Fähigkeiten der Studierenden profitieren. Denn diese führten Erhebungen und Analysen durch, für die vor Ort gar keine Mittel zur Verfügung gestanden hätten, um Vergleichbares kommerziell in Auftrag zu geben. Ich empfehle daher stets, sich zum gewünschten Thema solche Akteur:innen auszusuchen, die für wissenschaftliche Unterstützung als besonders aufgeschlossen einzuschätzen sind.

Kontakt zu Expert:innen

Die bislang genannten Punkte beschränken sich nicht auf das Studium der Soziologie, sondern treffen auf die meisten akademischen Ausbildungen zu.

Wozu aber befähigt die soziologische Ausbildung dann im Besonderen?

Tatsächlich bleibt zu klären, auf welche originellen Diagnosen des Fachs Sie in der Berufspraxis zurückgreifen können werden. Wie gelingt es, zu dem von Claessens (1963) beschriebenen »Ärgernis« (276) im Betrieb zu werden? Dass dies in hohem Maße davon abhängt, welche thematischen Vorlieben Sie haben, welche Theorien und Methoden und welche konkreten Inhalte Sie bevorzugen, haben wir geklärt. Auch geben Ihnen die vorangestellten Check-Listen Antworten auf diese Fragen. Darüber hinaus lässt sich abstrakt festhalten, dass das Studium der Soziologie dazu befähigt, die Gesellschaft in ihrer Funktionsweise zu begreifen und soziale Prozesse ursächlich zu erklären. Bezogen auf konkrete Einsatzbereiche bedeutet dies, dass Sie nach dem Abschluss in der Lage sein sollen, die Entstehung sozialer Konstellationen zu rekonstruieren, eine aktuelle Situation in ihrer ganzen Komplexität kompetent zu analysieren und zukünftige Entwicklungen abzuschätzen.

Kompetenz der Systematisierung   Darüber hinaus zielt das Studium auf eine besondere Befähigung zur Systematisierung. Nun ließe sich einwenden, dass dies für alle akademischen Ausbildungen zutrifft, es gilt jedoch für die Soziologie in besonderer Weise. Bereits auf dem Informationsportal *studium.org* wurden Sie gewarnt, dass es sich bei unserem Fach um keines handelt, dass Ihnen ein »kanonisiertes Wissen« zur Verfügung stellt. Vielmehr zeichnet sich die Soziologie durch eine Pluralität von Methoden und Erklärungsansätzen aus (→ Kap. 2). Hier sind nicht die einen richtig, die anderen falsch, sondern allenfalls sind manche Theorien oder Erhebungsverfahren geeigneter als andere, um bestimmte Themen zu erkunden.

Im Studium lernen Sie die vielfältigen Analyseoptionen kennen, müssen diese jedoch (angeleitet durch die Lehrenden) vergleichend abwägen und ihre Eignung für den zu lösenden Fall prüfen. Dies findet vor allem in solchen Lehrangeboten statt, in denen Forschendes Lernen eingeübt wird. Die Bezeichnungen solcher Formate sind an den Standorten je unterschiedlich, sie verfolgen aber ein gemeinsames Ziel: An konkreten gesellschaftlichen Problemen und Phänomenen wenden Sie das methodische und theoretische Wissen eigenständig an; die Lehrenden stehen hierbei anleitend und beratend zur Seite (vgl. auch Kühl 2009). Nadine Arnold und Franziska Winterberger (2020: 321) weisen zurecht darauf hin, dass mit solchen Angeboten eine berufspraktische Vorbereitung stattfindet, da ein Gutteil der Absolvent:innen in Bereichen tätig sein wird, in denen Forschen beherrscht werden muss. Dies lässt sich noch weiter zuspitzen: Auf jeder Position im Erwerbsleben müssen Soziolog:innen in der Lage sein, Prozesse der Erkenntnisgewinnung selbständig durchführen, mindestens aber bewerten zu können. Das Studium befähigt Sie somit dazu, nicht nur bezogen auf ein Thema alle denkbaren Einflussfaktoren sammeln und bewerten zu können, sondern auch bei der Wahl der Diagnoseinstrumente entsprechend umfassend anzusetzen. Die Kompetenz zur Systematisierung zählt folglich, methodisch wie inhaltlich, zu Ihrem Profil.

Damit sind Sie in idealer Weise darauf vorbereitet, in jedweder Situation auch solche Informationen heranzuziehen, die anderen zunächst als gänzlich unerheblich erscheinen. Es ist genau das, was Sie zu einem »Ärgernis« machen kann: dass Sie selbst in komplexen und unübersichtlichen Situationen überblicken, was hier als einflussreich einzuschätzen ist; und dass Sie nicht scheuen, widersprüchliche Posi-

Forschendes Lernen

Anwendungsbezug

tionen zu benennen oder bisherige Verfahrensweisen in Frage zu stellen. Weil die Einsatzbereiche für Soziolog:innen so weit gestreut sind und das Fach vielfältige Vorgehensweisen anbieten, möchte ich an zwei Beispielen den Anwendungsbezug des Studiums untermauern:

Beispiel 1: Was hat die Schmutzwäsche mit Gesellschaft zu tun?

Mein erstes Beispiel bezieht sich auf Ihre Wohnung, genauer gesagt: Ihren Wäschekorb. Getragene Kleidungsstücke sind auf den ersten Blick lediglich Dinge, die weder etwas mit Gesellschaft noch mit Soziologie zu tun haben. Und doch lässt sich ausgehend vom Umgang mit den getragenen Kleidungsstücken erhellen, wie Menschen (zusammen-)leben und wie es um die Gesellschaft bestellt ist. Während alle Personen in Ihrem Umfeld, und auch Sie selbst, vielleicht eine Erfahrung, zumindest aber eine Meinung zum Wäschewaschen haben, setzt ein soziologischer Blick grundlegender an: Erkunden ließe sich z. B., wie über die Jahrhunderte hinweg ausgefeilte Techniken entstanden sind, um die Wäsche zu säubern. Das Spektrum reicht von Waschbrett und Seife, über Waschpulver und Weichspüler bis hin zu App-gesteuerten Wäschetrocknern. Auch wäre die an den Umgang mit Wäsche geknüpfte Arbeitsteilung von Interesse: Die einen waschen, die anderen lassen waschen.

Indem die Soziologie das Vergangene in den Blick nimmt, klärt sich der Blick auf das Gegenwärtige. Denn im Wandel der Umgangsweisen mit der Wäsche wird deutlich, dass Richtungsentscheidungen getroffen wurden. Menschen nahmen Einfluss auf ihre Lebensbedingungen und somit bestehen sogar über Dinge Verbindungslinien zum Sozialen. In Interaktionen, so ließe sich die Analyse fortsetzen, muss irgendwann nicht nur festgelegt worden sein, wer welche Aufgaben übernimmt, sondern auch welche Waschinstrumente überhaupt entwickelt wurden. Auch Technik ist insofern sozial vermittelt und ihre Entstehung an den Interessen von Akteur:innen orientiert. Dies wird offenkundig, sobald man Strategien der Produktplatzierung untersucht: Welches sind die Zielgruppen für die Produktentwicklung? Welche Personen werden mit den jeweiligen Innovationen adressiert? In der Technikentwicklung dokumentiert sich, wie sich Menschen zum Maschinellen stellen, und welche Annahmen sie über den Menschen an sich und seine Bedürfnisse haben. Hierbei kommt es zu Zuschreibungen und Aufgabenzuweisungen. So richtet sich die Werbung für Waschmittel und -maschinen keineswegs an alle Rezipient:innen, sondern an eine spezifische Klientel. Indem Soziolog:innen die Suche nach solchen Zusammenhängen nicht scheuen, gelangen sie zu profunden Klärungen aktueller Sachverhalte – oder eben auch, wie das Beispiel zeigt, ganz grundlegender Komponenten des Lebens.

Zu der Entscheidung, Ihren Wäschekorb als Beispiel zu wählen, *Gewohnheiten* inspirierte mich das vielzitierte, und auch jenseits der Wissenschaft breit rezipierte Buch »Schmutzige Wäsche« (1995 [1992]). Sein Autor, Jean-Claude Kaufmann, begreift die Wäsche als »Analyseinstrument«, an dem er dem »Gewebe« der Paarbeziehung und dem hinter den Handlungen verborgenen Sinn auf die Spur kommen will. Er geht dabei der Frage nach, wann und warum ein Paar überhaupt zum Paar wird und stellt damit, ganz Soziologe, das scheinbar Selbstverständliche zur Disposition. Der Umstand des Zusammenlebens im gemeinsamen Haushalt oder die Selbstauskunft von zwei Menschen »ein Paar« zu sein, reichen Kaufmann, im Gegensatz zur Sozialstatistik, als Erklärung nicht aus. In seiner phänomenologisch inspirierten Erhebung stellt er vielmehr fest, dass die in einem Haushalt Lebenden vor allem durch geteilte Gewohnheiten zu einem Paar werden. Und dies zeige sich insbesondere am Beispiel des Wäschewaschens. Mit

Phänomenologisch forschen

Der Philosoph Edmund Husserl konzipierte die Phänomenologie als »Wesenswissenschaft«. Er ging davon aus, dass das menschliche Bewusstsein Dingen Sinn zuschreibt. Forschung habe daher die Aufgabe, diesen Prozess sichtbar zu machen und zu hinterfragen, was auf den ersten Blick als Wirklichkeit erscheint. Alfred Schütz (1993 [1932]) machte das Konzept für die Soziologie anschlussfähig. Für ihn entsteht der »sinnhafte Aufbau der sozialen Welt« durch das aufeinander bezogene Handeln der Menschen.

Fortdauer der Beziehung, so Kaufmann, entwickeln Paare Routinen, mit der sie sich der Aufgabe annehmen und klären, wer für was zuständig ist. Routinen wirken handlungsentlastend und, plakativ formuliert, energiesparend. Wollen sich die Beteiligten nicht wiederholt über Zuständigkeiten auseinandersetzen, müssen sie eine gemeinsame Umgangsweise entwickeln. Dies kann nach einer Reflexion und Besprechung der Aufgaben stattfinden, sich ebenso aber auch aus individuellen Verhaltensweisen ergeben. Beide Varianten resultieren in Gewohnheiten.

Routine   In der Berufspraxis sind Routinen essentiell. Nach einer Phase der Einarbeitung müssen Sie sich nicht nur an bestimmte Abläufe im Betrieb und Umgangsformen mit Kolleg:innen, Klient:innen, Kund:innen oder Vorgesetzten gewöhnen, sondern auch Verfahrensweisen entwickeln, mit denen Sie auf Anforderungen oder Probleme reagieren, und die Sie wiederholt anwenden können. Routinen sind daher effizient. Sie erzeugen aber auch Verfestigungen (vgl. auch Kaufmann 1995 [1992]: 120). In der Arbeitswelt zeigt sich das an vielen Stellen. So sperren sich Beschäftigte oft gegen einen Wechsel von Zuständigkeiten oder eine Veränderung von Abläufen, auch wenn diese dem Ziel dienen, die Gesundheit zu erhalten und einseitige Beanspruchungen zu reduzieren. »Jobrotation« ist ein in betrieblichen Organisationen bekanntes Instrument zur Vermeidung von Verschleiß, stößt jedoch zuweilen auf Gegenwehr in den Belegschaften. Denn Neues erfordert, sich von bewährten Handlungsweisen zu lösen. Sind diese, wie Bourdieu sagt, »inkorporiert« und ›in Fleisch und Blut‹ übergegangen, fällt die Abkehr umso schwerer. Routinen können daher ein Hindernis auch für positive Veränderung darstellen, für den Einzelnen, ebenso aber auch das soziale Umfeld: Die Routine des einen, die Wäsche liegenzulassen, erfordert eine Routine eines anderen, diese zu waschen. Wer sich um die Säuberung der Kleidung kümmert, ist daher letztlich eine auch interessenpolitisch und sozialstrukturell relevante Frage.

> **Jobrotation, Jobenlargement, Jobenrichment**
>
> Diese aus der internationalen Organisationstheorie stammenden Begriffe beschreiben, wie sich Arbeitsprozesse abwechslungsreich gestalten lassen. Bei der Rotation wechseln Beschäftigte den Arbeitsplatz, bei der Erweiterung erhalten sie mehr Aufgaben, bei der Anreicherung bekommen sie anspruchsvollere Aufgaben übertragen.

An Kaufmanns Buch lässt sich erfassen, dass zwar alle Menschen Interpret:innen ihres Alltags sind, Soziolog:innen aber über eine spezifische Diagnosefähigkeit verfügen. Das Studium zielt somit darauf, Sie grundlegend (und zugleich exemplarisch an Themen) darin zu schulen, soziale Mechanismen und ihre Effekte identifizieren und erklären zu können. Es befähigt Sie in besonderer Weise dazu, jedwedes Phänomen umfassend zu reflektieren und potenzielle Alternativen zu erkennen. Dies ist nicht nur eine seitens des Arbeitsmarktes nachgefragte Kompetenz, sondern wirkt sich auch auf Ihren Alltag aus. Denn Sie werden nicht umhinkommen, alles, was Ihnen hier begegnet, hinsichtlich seines Gewordenseins und seiner Effekte zu hinterfragen. Dies kann anstrengend sein, zugleich aber profitieren Sie davon zu wissen, dass soziale Komplexe und individuelle Praktiken veränderbar sind. Sie können also (auch eigene) Gewohnheiten leichter durchbrechen und Ihren Habitus reflektieren – und sich dadurch neue Handlungsspielräume verschaffen.

Alltagsinterpretation

Beispiel 2: Warum steckt die Soziologie immer in der Krise?

Krisen   Als zweites Beispiel habe ich ein Thema gewählt, dass Ihnen im Studium fortlaufend begegnet: Krisen. Für eine Wissenschaft, die sich mit gesellschaftlichem Wandel auseinandersetzt, sind Krisen ein vertrautes Phänomen. Der Begriff bezeichnet eine Situation, die als unsicher, uneindeutig oder gar gefährlich einzuschätzen ist. Bereits in den Einführungsvorlesungen dürften Sie erfahren haben, dass sich die Soziologie seit ihrer Gründung mit Krisen befasst, manche sehen hierin gar das Motiv ihrer Etablierung als eigenständige wissenschaftliche Disziplin. Schon Martineau hatte eine große Diskrepanz zwischen den postulierten Zielen der Gesellschaft und einer hiervon deutlich abweichenden Realität problematisiert. Ihre Studie »Society in America« sollte daher ursprünglich »Theory and Practice in America« heißen, doch wünschte, so Hoecker-Drysdale (1998: 28), der Verlag einen anderen Titel. Die Folgen gesellschaftlicher Moralvorstellungen und das Phänomen des Suizids hatten ihre Aufmerksamkeit geweckt; später griff auch Émile Durkheim solche Zusammenhänge auf. Er war von der Sorge umgetrieben, die Gesellschaft verfalle in einen anomischen Zustand und verliere ihre Funktionstüchtigkeit. Wie auch andere Zeitgenoss:innen sah er das Erfordernis einer auf derlei Fragen fokussierten Wissenschaft.

Auch heute teilen viele Vertreter:innen des Fachs die Ansicht, dass die Soziologie per se eine »Krisenwissenschaft« ist. Zwei Begründungen lassen sich hierfür heranziehen:

Anomie

Durkheim sah in der Industrialisierung und der mit ihr einhergehenden Arbeitsteilung und Parzellierung der Sozialbereiche eine Ursache dafür, dass die soziale Ordnung labil und die Integrationskraft von Gesellschaft geschwächt werde. Resultat sei ein anomischer Zustand, in dem Regeln und Normen an Bindekraft einbüßen. In seiner Studie zum »Selbstmord« (1983 [1897]) zeigt Durkheim die Zusammenhänge zwischen gesellschaftlichen und individuellen Zuständen der Anomie auf.

Zum einen ist gesellschaftlicher Wandel nicht vorstellbar, ohne $\qquad$ Stetiger Wandel
dass es zu krisenhaften Situationen kommt. Verabschiedet sich
eine Gesellschaft z. B. von bestimmten Produktionsmethoden oder
Verfahren der Ressourcengewinnung, so kann dies einerseits (wirtschaftliche oder ökologische) Krisen verhindern, zugleich aber Krisen
in anderen Bereichen auslösen. Die Abkehr vom Verbrennungsmotor
oder von der Steinkohleförderung mag angesichts der schwindenden
Naturressourcen und des Klimawandels plausibel sein, zieht aber
den Abbau der in diesen Segmenten angesiedelten Arbeitsplätze nach
sich. Reaktionen auf Krisen erfordern daher zumeist eine umfassende Analyse von Nebenfolgen sowie präventive Maßnahmen. Krisen
können also auch dadurch entstehen, dass sich unterschiedliche Be-
troffenheiten von Wandel und in der Folge soziale Konflikte oder Verwerfungen ergeben. Zählen manche Gruppen zu den Gewinner:innen
von Wandel, können andere Gruppen das Nachsehen haben. In Vorlesungen und Seminaren erhalten Sie zahlreiche Hinweise darauf,
wann und warum von gesellschaftlichen Krisenlagen zu sprechen ist.
Oftmals sind Veranstaltungen oder Studienprojekte explizit darauf
ausgerichtet, diese genauer zu ergründen und zu bewerten. Krise, so
ließe sich resümieren, ist nicht weniger als eine Nebenfolge von Wandel und ein dauerhaftes Phänomen und Problem von Gesellschaften.
Indem Sie die Analyse solcher Krisen beherrschen, sind Sie also entsprechend breit beruflich einsetzbar und langfristig für den Arbeitsmarkt interessant.

Zum anderen ist das Thema »Krise« in der Soziologie prominent, $\qquad$ Gesellschaftlicher
weil es hier um mehr als nur Begleiterscheinungen von Wandel gehen Umbruch
kann. Denn als Wissenschaft von der Gesellschaft stellt sich für das
Fach stets die Frage nach deren Konstitution; es geht darum auszuloten, inwiefern ein grundlegender Strukturwandel, eine Transformation stattfindet. Mit Begriffen wie »Industrialisierung« oder »Moder-

nisierung« beschreibt die Soziologie ebensolche Dynamiken, in denen bisherige Verfahrens- und Aushandlungsweisen brüchig werden, neue indes noch nicht erkennbar oder verfügbar sind. Der Begriff »Krise« wäre in diesem Sinne reserviert für Situationen gesellschaftlichen Umbruchs und der (zumindest partiellen) Handlungsohnmacht (einzelner oder aller). Es sind vor allem diese (strenger definierten) Krisensituationen, die Gegenstand Ihrer Ausbildung sind. Die Soziologie hat einen reichen Schatz an Analysen und empirisch fundierten Studien hierzu anzubieten. Sie hat sich mit den Folgen des radikalen Systemwechsels in Ostdeutschland befasst und setzt sich heute mit den Dynamiken einer technikinduzierten und disruptiven digitalen Transformation auseinander. Während der Covid-19-Pandemie hat das Fach durch zahlreiche Expertisen und Stellungnahmen auf die sozialen Effekte des »shut down« und mögliche Gestaltungsansätze hingewiesen. Je unsicherer und labiler sich die Lage von Gesellschaften gestaltet, desto dringlicher ist der Bedarf nach einer soziologischen Diagnose und Prognose.

Belastungsgrenze   Krisen können insofern die Gesellschaft in Gänze betreffen, ebenso aber auch einen konkreten sozialen Kontext, wie zum Beispiel ein Unternehmen, einen Verband, einen Verein oder eine Familie. Das Studium gibt Ihnen tragfähige Methoden und Theorien an die Hand, um zu untersuchen, wie es um die Konstitution dieser Bereiche bestellt ist. Sie werden eruieren, ob Sie es mit stabilen, auf Dauer angelegten Strukturen zu tun haben, oder ob eine hochgradig labile, in Veränderungen begriffene Konstellationen vorliegt. Zudem können sich Krisen auch innerhalb stabiler Strukturen abspielen. Interessant ist dann, wie es um die Belastungsgrenzen des Sozialen bestellt ist, und warum es, trotz Krisenlagen, nicht zu Protest, Konflikt oder Wandel kommt. Zugleich ist man sich im Fach einig, dass der Krisenbegriff nicht allzu inflationär gebraucht werden sollte. Er kann dazu verhelfen, innerhalb der Disziplin auf etwas hinzuweisen oder Akteur:innen der Praxis in Alarmbereitschaft zu versetzen und zum Handeln zu motivieren. Wird die vermeintliche Krise jedoch zum Dauerzustand, stumpft das Publikum ab. Soll der Begriff nicht zur Leerformel verkommen und sein diagnostisches Potenzial bewahren, ist sein Einsatz daher sorgfältig abzuwägen.

Unabhängig davon, welche konkreten Krisenlagen Sie im Stu- **Qualifikation** dium bearbeiten, werden Sie ein Gespür dafür entwickeln, wie es um die Gesellschaft im Großen und im Kleinen bestellt ist. Dieses ›Sensorium‹ qualifiziert Sie in besonderer Weise dazu, im beruflichen Kontext jedwede Dynamik einzufangen und tatsächliche ebenso wie mögliche Effekte abzuschätzen. Die Soziologie vermittelt Ihnen hierfür die notwendigen Techniken, Krisen zu erkennen, ihre Ursachen zu erklären, ihre Verläufe und Folgen zu beschreiben und Reaktionsmöglichkeiten aufzuzeigen. Damit haben Sie ein konkretes Instrument an der Hand, das sich im Laufe Ihres mehrjährigen Studiums immer besser handhaben lassen wird. Ihre Abschlussarbeiten werden, so der Idealfall, seine souveräne Anwendung dokumentieren.

✓ Sie wissen, dass Forschung und Lehre nicht lediglich als berufliche Tätigkeitsfelder, sondern als Teilbereiche der Gesellschaft soziologisch zu reflektieren sind,

✓ dass das Wissenschaftssystem eigenen Regeln folgt, aber mit gesellschaftlichen Erwartungen konfrontiert und in komplexe Abhängigkeiten verstrickt ist,

✓ dass die Soziologie als empirische Wissenschaft auf die Teilnahmebereitschaft an Befragungen angewiesen ist und dies eine fortwährende Vernetzung hin zur Praxis erfordert.

✓ Als Absolvent:innen einer akademischen Ausbildung wissen Sie um den mit Studien- und Prüfungsleistungen verknüpften Kompetenzerwerb und

✓ begreifen die Studiensituation als eine Lebensphase, in der Sie nicht nur wissenschaftliches Arbeiten lernen, sondern sich in unterschiedlichsten Formaten der Selbstdarstellung, Moderation und Kooperation erproben und auf die berufliche Praxis vorbereiten können.

✓ Sie sind in der Lage, auch in komplexen und unübersichtlichen Situationen zu erfassen, welche Faktoren einflussreich sind, und können unterschiedlichste Informationen systematisieren.

✓ Sie scheuen nicht, widersprüchliche Positionen und Interessendivergenzen zu benennen oder bisherige Verfahrensweisen in Frage zu stellen, und bleiben deshalb absichtsvoll ein potenzielles »Ärgernis«.

✓ Sie erkennen, dass sich gesellschaftliche Strukturen auch ausgehend von alltäglichen, vordergründig banalen Phänomenen her entschlüsseln lassen, und dass

✓ Routinen von Entscheidungen entlasten, aber auch eine Barriere für Veränderungen darstellen können.

✓ Den Krisenbegriff setzen Sie mit Bedacht ein.

✓ Sie erkennen die Stärke der Soziologie darin, krisenhafte Phänomene auf unterschiedlichen Ebenen des Sozialen ergründen, ihre Effekte abschätzen und alternative Gestaltungsvorschläge formulieren zu können.

Die im Text genannten Beispiele sind beliebig variierbar. Greifen Sie sich ein Phänomen heraus, das in einem Ihrer Seminare diskutiert wird, und gehen Sie, wie im Beispiel, den Anwendungsoptionen und den Bezügen zur Berufspraxis einmal gedanklich nach. Sie werden überrascht sein, wie leicht dies gelingt.

Zwar könnte die Handreichung an dieser Stelle enden, doch scheint mir ein wichtiger Baustein noch zu fehlen: die Berufspraxis. Abschließend habe ich deshalb einige Forschungsergebnisse zusammengestellt, die Auskunft darüber geben, was den konkreten Berufsalltag auszeichnet – und die Sie in Ihre Planungen einbeziehen können.

7. Im Beruf
... lohnt die Rückbesinnung auf das Studium

Wenn ich mit Praktiker:innen ins Gespräch komme, dann höre ich häufig, dass man die Studienzeit in guter Erinnerung, aber der formale Abschluss an Bedeutung verloren habe. Dass mit zunehmender Dauer der Berufserfahrung die in der Praxis erbrachten Leistungen stärker wiegen als das von einer Universität erteilte Zertifikat, trifft auf alle Ausbildungen zu. Formale Abschlüsse haben auf dem deutschen Arbeitsmarkt nach wie vor einen hohen Stellenwert und bleiben für den Einstieg und berufliche Wechsel essenziell. Im Berufsverlauf gewinnen jedoch sukzessive die konkreten Positionen und Aufgabenprofile als Referenzen an Stellenwert. Das Können im Praxisalltag wird entscheidend. Die berufliche Sozialisation befördert die Identifikation mit der Branche und der arbeitgebenden Organisation (→ Kap. 3). Die eigene Verortung erfolgt nun nicht mehr über die Ausbildungsstätte oder das Studienfach, sondern über die aktuelle Position. Auf die Frage »Was sind Sie?« antworten daher die meisten Praktiker:innen nicht mit einer Angabe zum Studienabschluss, sondern mit der aktuellen Stellenbezeichnung.

Gleichwohl ist es für ein Fach stets wichtig zu evaluieren, wie eng die Bindung ehemaliger Studierender nach dem Berufseinstieg bleibt. In den ersten Kapiteln dieses Buches sollte deutlich geworden sein, welche strategischen Vorteile sich aus einem offensiven Bezug

Berufliches Können

»Entsoziologisierung«

auf die Ausbildung ergeben. Dennoch lassen sich sicher auch heute noch »Absetzbewegungen« vom Fach feststellen, wie sie Kühl und Tacke Anfang des Jahrtausends beobachteten. Sie sprachen damals von einer »Entsoziologisierung von Soziologen« (2004: 68), die mit dem Einstieg ins Berufsleben festzustellen sei. Statt Theorien der Soziologie zu nutzen, würden Absolvent:innen in der Praxis bevorzugt auf Methodenkenntnisse und Deutungsangebote anderer Disziplinen (etwa der Betriebswirtschaftslehre oder der Rechtswissenschaften) zurückgreifen.

Professionelle Wurzeln   Diese Beobachtung sollte weiterhin als Mahnung gelten, für Lehrende ebenso wie für Studierende. Denn was nützt es, wenn sich heutige Studierendengenerationen zwar eindeutiger auf ihr Ausbildungsfach beziehen, aber im konkreten Arbeitsvollzug dann doch die Soziologie vergessen würden? Die vorangegangenen Kapitel sollten gezeigt haben, dass die Soziologie praxistaugliche Angebote bereitstellt und zu vielen Sachverhalten und konkreten Problemen sogar mehr anzubieten hat, als die Praxis überhaupt nachfragt. Die Soziologie hat, jenseits der thematischen Spezialisierungen, einen immensen Reichtum an Erkenntnissen über die Erwerbsarbeit, den Arbeitsmarkt, Verwaltungen oder Wirtschaft vorzuweisen, die für alle Tätigkeitsfelder nützlich sind. An zwei weiteren Beispielen möchte ich in diesem letzten Kapitel daher noch einmal untermauern, warum Sie sich während des gesamten Erwerbslebens Ihrer professionellen Wurzeln besinnen sollten. Zuvor aber scheint es mir sinnvoll, auf einige konkrete Probleme des Berufslebens einzugehen. Denn auch für den Umgang mit Arbeitsaufträgen, Arbeitsbedingungen oder die Frage nach der individuellen Arbeitsfähigkeit erweisen sich soziologische Kenntnisse als vorteilhaft.

Aufgeklärter Berufseinstieg statt Praxis-Schock

Soziolog:innen werden vielfach eingestellt, um ihr methodisches [Prozesssteuerung] Wissen einzubringen. Viele von Ihnen dürften bereits im Praktikum erlebt haben, dass Sie primär für die Erhebung oder Auswertung empirischer Daten angeworben wurden. Auch thematisch gibt es viele Bezüge zwischen Studium und beruflichem Einsatzgebiet. Die Speziellen Soziologie bereiten gezielt darauf vor, die Funktionsweisen und Dynamiken der Felder zu erfassen. Und doch ist es ein großer Unterschied, ob Sie Referate und Hausarbeiten vorbereiten oder im Berufsalltag zahlreiche, inhaltlich weit gestreute Aufgaben zu bewältigen haben, die in einer deutlich kürzeren Taktung zu erledigen sind. Die Arbeitsweise wird höchstwahrscheinlich am meisten dem ähneln, was Sie im Studium in Projekt- und Forschungsseminaren erlebt haben. Die Veranstaltungen sind an den jeweiligen Studienstandorten jeweils anders benannt, sie verfolgen aber das gleiche Qualifikationsziel: einen komplexen Prozess der Erkenntnisgewinnung eigenverantwortlich und erfolgreich steuern zu können. Diese Kompetenz üben Sie im Studium somit bereits ein.

Im Beruf kommen nun jedoch viele verwaltungstechnische und [Kooperation] organisatorische Aufgaben auf Sie zu, auf die die Universität nicht passgenau vorbereiten kann, weil die Einsatzbereiche zu unterschiedlich sind. Sie müssen klären, wer Adressat:innen für Anfragen oder Mitteilungen sind, wen Sie wann und wie in eine Kommunikation und Planung einbeziehen müssen oder welche weiteren Sachverhalte in Bezug zur aktuellen Aufgabe stehen. Bezieht sich Kooperation an der Hochschule auf die Zusammenarbeit mit anderen Soziologiestudierenden der gleichen Studienphase, arbeiten Sie in der Berufspraxis mit Menschen zusammen, die eine gänzlich andere Ausbildung haben oder andere Statuspositionen bekleiden. Zudem sind

Akademische Selbstverwaltung und Hochschulpolitik

Universitäten verwalten sich selbst: Das für Lehre und Forschung zuständige Personal übernimmt viele organisatorische Aufgaben und entscheidet in Gremien über die gemeinsamen Ziele und die praktischen Vorgehensweisen. In diesen Gremien sind die unterschiedlichen Statusgruppen repräsentiert, d. h. auch die Studierenden. Das Organisationsmodell soll gewährleisten, dass die Verwaltung bestmöglich auf die Besonderheiten von wissenschaftlichem Forschen, Lehren und Lernen abgestimmt ist. Genauere Auskunft erteilt das Organigramm, das Sie auf der Internetseite jeder Universität finden.

die Personen im beruflichen Umfeld für viele verschiedene Aufgaben zuständig, d. h. sie arbeiten nur punktuell mit Ihnen zusammen, wodurch die Abstimmung aufwendiger wird. Abhängig von Ihrem Status und den zu lösenden Problemen müssen Sie insofern austarieren, was durchsetzbar ist und von anderen unterstützt wird – oder eben von Ihnen selbst zu verantworten ist. In Gesprächen mit ehemaligen Studierenden habe ich den Eindruck gewonnen, dass ehrenamtliche Tätigkeiten oder ein hochschulpolitisches Engagement eine ausgezeichnete Vorbereitung auf die Praxis sind. Denn dort, denken Sie etwa an universitäre Gremien wie die Fachschaft eines Fachbereichs oder den Allgemeinen Studierendenausschuss (AStA), lässt sich die Arbeit in heterogenen, interdisziplinären Gruppen bestens einüben.

Adressatenschaft

Des Weiteren unterscheidet sich auch die Zielsetzung des Arbeitens. Viele Leistungen im Studium sind darauf ausgerichtet, das wissenschaftliche Fachpublikum zu überzeugen. Dies setzt sich für all jene fort, die in der Forschung verbleiben. Alle anderen sind indes mit einer überaus heterogenen Adressatenschaft konfrontiert. Sie können es sich nicht leisten, so formuliert es Beck für das ganze Fach, »zirkulär eine Wissenschaft *von* Kollegen *für* Kollegen« (1980: 416, Herv. i. O.) zu sein. Vielmehr müssen Sie auch jenseits des unmittelbaren Umfeldes überzeugen, sei es innerhalb der Organisation, oder sei es gegenüber externen Akteur:innen, für deren Ansprache eine besondere Sensibilität erforderlich ist (→ Kap. 5). Die Sprache, ebenso aber auch die Tiefe und die Art der Argumentation sind auf diese inner- und außerbetrieblichen Klientel hin anzupassen. An vielen Stellen im Studium werden Sie dies erproben, etwa wenn die Lehrenden mit Ihnen z. B. Positionspapiere, Forschungstransfers in die Praxis oder fiktive Stellungnahmen an Ministerien verfassen. Alle Dozent:innen sind aufgeschlossen dafür, dass Sie auch eigeninitiativ solche Produkte verfassen und in die Seminararbeit einspeisen. Zugleich haben Sie damit etwas an der Hand, was sich als Arbeitsmuster für studentische Kooperationsprojekte mit der Praxis verwenden lässt. Vergessen Sie nicht, auch in Bewerbungsgesprächen auf solche Arbeitsergebnisse hinzuweisen.

Im Erwerbsleben werden Sie viele Themen zu bearbeiten haben, in die Sie sich erst einfinden müssen. Sie sollten deshalb nicht scheuen, Fragen zu stellen oder um Unterstützung zu bitten, wenn Ihnen ein Arbeitsauftrag unklar ist, das Ziel nicht einleuchtet oder die erforderlichen Kompetenzen oder Ressourcen fehlen. Es ist nachvollziehbar, dass Berufseinsteiger:innen vermeiden wollen, Schwächen zu zeigen; und zu Recht erwarten Arbeitgeber:innen, dass Akademiker:innen Probleme eigenständig lösen können. Zu einem souveränen Auftreten zählt jedoch, die eigenen Kompetenzen solide einschätzen zu können und mögliche Schwierigkeiten so frühzeitig anzusprechen, dass eine fristgerechte Erledigung der Aufgabe nicht gefährdet ist.

Unterstützung

Darüber hinaus können Sie davon ausgehen, dass Sie im unmittelbaren Umfeld leicht Unterstützung mobilisieren können. Dies können die Mitglieder Ihrer Arbeitsgruppe oder Ihrer Abteilung sein, ebenso aber auch Personen, die vormals für Ähnliches zuständig waren, oder die aus inhaltlichen Gründen Rückmeldung zum Sachverhalt geben können. Es ist empfiehlt sich daher auszukundschaften, wer für was zuständig ist und welche Kompetenzen bereithält. Nur so können Sie punktuell und spontan diejenigen identifizieren, die Ihnen bei der Lösung eines Problems helfen können. In vielen Organisationen sind solche Wissensbestände von Beschäftigten umfassend dokumentiert, damit, trotz Personalfluktuation, Arbeitsprozesse effizient ablaufen und gewonnene Erkenntnisse nicht verlorengehen. Das im beruflichen Umfeld erworbene Wissen dient also, mehr als im individuell ausgerichteten Studium, der Vorteilsnahme der gesamten Organisation.

Erfahrungen   Dass Arbeitserfahrungen gleichwohl eine markante Ressource für die Statusabsicherung oder -verbesserung darstellen, ist Soziolog:innen bekannt. Je exklusiver ein Kenntnisstand ist, desto gefestigter ist auch die Position seiner Träger:innen. Zudem gibt es diverse Erfahrungsbestände, die sich kaum in Gänze dokumentieren lassen. Organisationen sind deshalb stets darauf angewiesen, dass Beschäftigte ihr Wissen nicht zurückhalten, sondern bereitwillig zur Verfügung stellen. Zudem sind nicht alle Wissensbestände komplett zugänglich und verbal kommunizierbar. Ein Beispiel: Nach einigen Semestern werden Sie gelernt haben, in welchem sprachlichen Stil Hausarbeiten zu verfassen sind. Schwierig ist indes zu erklären, wie diese Art des Arbeitens und Schreibens genau abläuft.

Implizites Wissen   Heinrich Popitz und Hans Paul Bahrdt stießen schon in den 1950er Jahren in ihren Untersuchungen zur Industriearbeit auf das Phänomen, dass der Erfolg betrieblicher Prozesse darauf basiert, dass Beschäftigte ein besonderes Gespür für die Abläufe und die zu bedienenden Maschinen entwickeln (Popitz et al. 1976 [1957]). Die Arbeitenden hatten, wie diese selbst in Interviews mitteilten, »im Körper« (98), wann was zu tun war (vgl. auch Polanyi 2016 [1966]: 23). Die Fallanalysen zur Arbeit der Umwalzer sind bis heute ein Paradebeispiel dafür, wie mit soziologisch geschultem Blick die Leistungen sichtbar gemacht werden können, die erfolgreichen Arbeitsabläufen zu Grunde liegen. Viele nachfolgende Studien haben hieran angeknüpft; eine Zusammenstellung der Forschungsergebnisse finden Sie in einem Aufsatz von Fritz Böhle über »Arbeit als Handeln« (2018). In der Gesamtschau wird deutlich, wie einflussreich das Erfahrungswissen von Erwerbstätigen (auch in technisierten Arbeitsumgebungen) für die Zielerreichung ist. Das implizite Wissen stellt insofern eine nicht zu unterschätzende Ressource dar.

Im Verlauf Ihrer Berufskarriere werden Sie abwägen müssen, welches Wissen Sie wann mit anderen teilen. Die konkrete Betriebs- und Arbeitskultur (→ Kap. 6) wird in hohem Maße Einfluss darauf nehmen, ob Kooperationen von Konkurrenz geprägt sind und Beschäftigte Kenntnisse zurückhalten, oder ob

> **Implizites Wissen**
>
> Michael Polanyi (2016 [1966]) wies in seiner Grundlegung »The Tacit Dimension« darauf hin, dass das lebenspraktische Wissen der Menschen über das dokumentierte, theoretische Wissen deutlich hinausreicht. Diverse empirische Studien belegen, dass bestimmte Wissensbestände habitualisiert und in körperliche Praxen eingebettet sind. Sie heben den hohen Stellenwert dieses Wissens für Organisationen hervor und problematisieren Varianten der Arbeitsorganisation, in denen es keine besondere Wertschätzung erfährt. Dies zeigt sich etwa, wenn betriebliche Konzepte zur digitalen Transformation die Ersetzbarkeit menschlicher Arbeitskraft vorsehen, dabei aber das implizite Wissen und die Erfahrung von Beschäftigten ausblenden (vgl. z. B. Pfeiffer/Suphan 2020).

Ziele gemeinsam abgestimmt und im offenen Austausch verfolgt werden. Dass Letzteres viele Beschäftigte Überwindung kostet, ist dem Umstand geschuldet, dass die Erwerbssphäre ein Raum der Zuteilung von Chancen ist. Die Berufsfelder sind nicht nur inhaltlich ausdifferenziert, sondern auch in anderen Dimensionen. Neben beruflichen Aufstiegschancen, Weiterbildungsoptionen oder Möglichkeiten für eine zeitlich oder räumlich flexible Arbeitsgestaltung ist für viele Erwerbstätige das Einkommen ein zentrales Thema. Eine vom Jobportal Stepstone GmbH (2020) in Auftrag gegebene Befragung von 13.000 Berufseinsteiger:innen mit max. zweijähriger Berufserfahrung zeigt: B.A.-Absolvent:innen steigen durchschnittlich mit deutlich geringe-

ren Entgelten ein als M. A.-Absolvent:innen. Markante Unterschiede seien auch hinsichtlich der Region, der Unternehmensgröße, vor
allem aber auch der Branche festzustellen. In der Industrie würden
höhere Gehälter gezahlt als in anderen Bereichen. Eine Personalreferentin, so lässt sich schlussfolgern, kann beim industriellen Groß-
unternehmen mit einem höheren Entgelt rechnen als bei einer Stadt-
verwaltung.

Status und Einkommen

In der öffentlichen Debatte werden Einkommensunterschiede
unter dem Aspekt der Gerechtigkeit verhandelt. François Dubet hat
hierzu einen interessanten Befund vorgelegt. Er basiert auf einer empirischen Erhebung, in der Studierende der Soziologie, betreut durch
die Lehrenden, 300 Personen in Einzel- und Gruppeninterviews befragt haben: Menschen nehmen Einkommensgefälle nicht grundsätzlich als ungerecht wahr, sondern maßgeblich dann, wenn diese auf
vergleichbaren Statuspositionen anzutreffen sind. Sind die formalen
Qualifikationsunterschiede und die konkreten Arbeitsaufgaben auf
je anderem Niveau gelagert, sieht es indes anders aus: »Ungleichhei-
ten sind gerecht, wenn sie aus ungleicher Arbeit entspringen« (Dubet
2008 [2006]: 26).

Gender-Pay-Gap

Die Soziologie weist nicht minder beständig darauf hin, dass es
auch Einkommensunterschiede innerhalb der Statusgruppen und
zuweilen auch innerhalb von Arbeitsteams gibt. Der Befund eines
markanten »Gender-Pay-Gap« in Deutschland dokumentiert, dass
nicht nur die Leistung, sondern offenbar auch die Zugehörigkeit zu
einer Genusgruppe den Zuteilungsmechanismus erklärt. Jenseits des
öffentlichen Dienstes und kollektivvertraglich regulierter Bereiche
müssen Sie daher damit rechnen, auch persönlich von einer solchen
Ungleichbehandlung betroffen zu sein. Einen kompakten Überblick
zum Zusammenhang von sozialer Ungleichheit und Geschlecht liefert
Ihnen Karin Gottschall (2018).

Die Erwerbssphäre ist nicht nur über die soziale Anordnung von Arbeitgeber:innen und Arbeitnehmer:innen oder aufgrund betrieblicher Organisationsstrukturen ein konfliktträchtiges Terrain, sondern auch als Ort, an dem viele Menschen aufeinandertreffen. Sie werden im unmittelbaren Kolleg:innenkreis, ebenso aber auch im Umgang mit Klient:innen oder Kund:innen Situationen erleben, in denen sich Interessen und Meinungen diametral gegenüberstehen. Streit und Konflikt können die Folge sein, lassen sich jedoch mit soziologischem Blick leichter einordnen und oft auch lösen.

> **Gender-Pay-Gap**
>
> Laut Statistischem Bundesamt (2021) lag 2020 der sogenannte »Gender-Pay-Gap«, der die Lohnunterschiede zwischen Männern und Frauen anzeigt, in Deutschland bei 18 Prozent. Vergleicht man Personen mit gleicher Tätigkeit, Ausbildung und Arbeitszeit liegt er noch immer bei 6 Prozent. Die Unterschiede sind nicht nur darauf zurückzuführen, dass Frauen mehr Familienarbeit übernehmen, sondern auch auf Entgeltdifferenzen zwischen vorwiegend von Frauen bzw. Männern besetzten Branchen und Berufen oder aber auf direkte Diskriminierung.

Georg Simmel hat in seiner Abhandlung »Der Streit« (1992a [1908]) den Grundstein dafür gelegt, Auseinandersetzungen als Interaktionen zu betrachten und auf ihre soziale Funktion hin zu befragen. Die weitverbreitete Einsicht, dass Streit auch etwas Einendes und Verbindendes haben und zur Bereinigung von Konflikten führen kann, geht auf seine Schriften zurück. Simmels Typologie zum Streitgeschehen ist für die Berufspraxis aufschlussreich, weil sie über die Erscheinungsformen, Ursachen und Entwicklungsverläufe von Konflikten informiert. Auch das Phänomen der Konkurrenz ist hier thematisiert. Simmels Text über »Die quantitative Bestimmtheit der Gruppe« (1992b [1908]) gibt wiederum Aufschluss über Prozesse der beruflichen Zusammenarbeit. Mit Simmels Analysen haben Sie somit viele Anhaltspunkte dafür, Kooperation, Streit und Konkurrenz ursächlich zu erklären und die Angemessenheit und Tragfähigkeit von Interventionen einzuschätzen.

Konflikte

Typisieren/Typologie

Alfred Schütz ist der Hinweis darauf zu verdanken, dass Menschen Interpretationsschemata für ihre Umgangsweise mit der Welt anwenden. Was ihnen erstmals begegnet, setzen sie in Bezug zum bisherigen Wissensvorrat, sodass ihnen »Gegenstände und Ereignisse in der Lebenswelt von vornherein in ihrer Typenhaftigkeit entgegentreten« (Schütz/Luckmann 2017 [1975]: 3). »Typisieren« ist zugleich auch eine Forschungspraxis: Durch Vergleich (etwa von Kriegsformen, Mobilitätsstilen oder Konsumgewohnheiten) lassen sich Gemeinsamkeiten und Unterschiede identifizieren. Bündelt man die jeweils dominanten Ausprägungen, gelangt man zu Typen – und schließlich einer Typologie (des Krieges, der Mobilität, des Konsums o. Ä.).

Konflikte sind nicht immer ursächlich auf Erwerbsarbeit zurückzuführen, können aber am Arbeitsplatz stattfinden. »Mobbing«, »sexualisierte Gewalt« oder »Burnout« sind Phänomene, die die Psychologie auf den Plan rufen, als therapeutische Praxis oder als wissenschaftliche Forschung, wenn die Betroffenen befragt und ihre Bewältigungsformen untersucht werden. Die Soziologie ist indes gefragt, wenn es darum geht, die Umgangsweisen in ihrer sozialen Kontextualisierung auszuleuchten und die strukturellen Ursachen des Problems zu ergründen. Dadurch wiederum gelingt es ihr, auch die Situation der Betroffenen und deren Gestaltungsoptionen einzuschätzen. Soziologie (und Ihre berufliche Praxis) trägt somit dazu bei, Lösungen für Konfliktsituationen zu erarbeiten.

Transfer   An vielen weiteren Punkten ließe sich illustrieren, inwiefern soziologische Theoreme und Konzepte in der Praxis anwendbar sind. Es sollte deutlich geworden sein, dass das Fach und die Ausbildung einen reichhaltigen Fundus bieten, Sie allerdings den Transfer auf die konkrete Situation vor Ort selbst herstellen müssen. Nicht umsonst zählen Sie mit dem Abschluss zu den »Hochqualifizierten«, von denen man eine solche Leistung und das hierfür erforderliche Engagement erwarten darf. Erneut möchte ich an zwei Beispielen aufzeigen, wie sich soziologische Expertise im Berufsalltag einsetzen lässt.

Beispiel 1: Was taugt eine Globaldiagnose, wenn man konkrete Probleme zu lösen hat?

Das erste Beispiel will den Ertrag einer soziologischen Metaperspektive unterstreichen. Mit dem Forschungsstand unseres Fachs haben Sie vertieften Einblick in die Entwicklungsdynamik des Erwerbssystems insgesamt. Dies ist für die Tätigkeit in einer bestimmten Branche und einem konkreten Betrieb insofern hilfreich, dass Sie über aktuelle und zukünftige Herausforderungen in Kenntnis gesetzt sind. Nicht alle Entwicklungen sind kalkulier- und absehbar, doch können Ihnen empirische Ergebnisse und Erklärungsansätze des Fachs dabei helfen, sich proaktiv vorzubereiten. So geben soziologische Studien zur digitalen Transformation nicht nur Aufschluss über einen möglicherweise grundlegenden Strukturwandel der Gesellschaft, sondern verweisen auch auf Folgen für Wirtschaft, Beschäftigung und Arbeit. Sie erhellen, wie sich durch technologische Innovationen soziale Interaktionen und Prozesse verändern und welche Folgen dies wiederum für die Subjektkonstitution hat. Sie sind insofern für alle beruflichen Tätigkeitsfelder aufschlussreich und werden deshalb auch von vielen Wissenschaften und der Praxis rezipiert. Zudem stehen Gesellschaftsanalysen nie isoliert; sie basieren vielmehr auf empirischen Befunden aus einzelnen Berufsfeldern – und sie lassen sich, wenn man soziologisch geschult ist, auch wieder an diese zurückbinden. Zur Illustration:

Als sich in den 1980er Jahren abzeichnete, dass Unternehmen auf grundsätzliche Probleme weiterer Produktivitätssteigerung stoßen, ließen makrosoziologische Diagnosen zu einem Wandel des Produktionsmodells nicht lange auf sich warten. In der Folge bot die Soziologie eine Vielzahl betrieblicher Fallstudien auf, in denen neue Varianten der Unternehmens- und Arbeitsorganisation branchen-

Soziologische Metaperspektive

Nutzung von Arbeitskraft

»Arbeitskraftunternehmer«

Voß/Pongratz beobachteten in drei Dimensionen eine Veränderung in der Nutzung von Arbeitskraft. 1. obliege nicht Vorgesetzten, sondern den abhängig Beschäftigten selbst die Zuständigkeit für die Kontrolle der Abläufe (Selbst-Kontrolle); 2. erhöhe sich der Druck, eigeninitiativ Fähigkeiten weiterzuentwickeln und sich zu vermarkten (Selbst-Ökonomisierung), 3. ergebe sich eine gesteigerte Effizienzorientierung auch in der privaten Lebensführung (Selbst-Rationalisierung). Für eine kompakte Übersicht s. Voß 2017.

übergreifend erforscht und Effekte auf das konkrete Arbeiten ausgeleuchtet wurden. G. Günter Voß und Hans J. Pongratz erlangten mit dem Aufsatz »Der Arbeitskraftunternehmer« (1998) breite Aufmerksamkeit. Sie zeichneten eine Entwicklung nach, die vom »industriellen Lohnarbeiter« über den »verberuflichten Arbeitnehmer« bis hin zu einer Variante der Nutzung von Arbeitskraft reichte, in der Rationalisierung zum (verinnerlichten) Primat der Beschäftigten selbst wird. Anhand dieser historischen Typologie gelang es zu erhellen, dass sich zwar für die Beschäftigten mehr Gestaltungsspielräume z. B. hinsichtlich der Arbeitsinhalte, der Kooperationsweisen oder der Arbeitszeit ergeben, dem aber weiterhin das Ziel der Produktivitätserhöhung zugrundeliegt. Leistungssteigerung werde, so Voß und Pongratz, nicht mehr über direkte Kontrolle durch Vorgesetzte erreicht, sondern durch die Beschäftigten selbst. Da diesen jedoch, im Unterschied zu Unternehmer:innen, der Einfluss auf zentrale betriebliche Parameter wie Auftragslagen, Zulieferungen oder Ressourcenausstattung fehle, sei die Gefahr einer individuellen Überforderung groß.

Der Aufsatz schlug einige Wellen, weil er eine starke Tendenzaussage wagte. Er legte eine Variante der Nutzung von Arbeitskraft, die bis dato nur in Teilbereichen des Erwerbssystems verbreitet war, als neuen Typus fest und attestierte diesem eine zukünftige Leitfunktion. Die z. T. kontroverse Debatte hierzu kann an anderer Stelle nachgelesen werden (z. B. Kuda/Strauß 2002). Bemerkenswert war jedoch der Umstand, dass die Diagnose auch in der Praxis breit debattiert wurde. Die einen griffen das Konzept auf, um von den Beschäftigten mehr unternehmerisches Denken und größere Flexibilität für betriebliche Belange einzufordern; andere sahen es als Beleg dafür, dass neue Organisationsformen eine neuartige Überwachungsform darstellen und Gefährdungen für die Gesunderhaltung von Erwerbstätigen nach sich ziehen können. Ein wissenschaftliches Konzept wurde also seitens der Praktiker:innen dazu verwendet, Strategien der Rationalisierung zu legitimieren bzw. ebendiese abzuwehren.

Soziologische Forschung stellt somit anwendbares Wissen bereit, doch obliegt die (interessengeleitete) Verwendung stets den Praktiker:innen selbst. Diese folgen in ihrem Handeln eigenen Maßstäben, auf die die Soziologie, dies unterscheidet sie von anderen Professionen, keinen Einfluss mehr hat (→ Kap. 2). Auch Ihre Lehrenden sind insofern mit dem Problem konfrontiert, dass sie dazu verhelfen sollen, ein Potenzial auszubilden, dessen konkrete Umformung in einsetzbare Arbeitskraft und Einpassung aber vor Ort und durch die Person selbst erfolgt. Bereits Helmut Kromrey machte einen solchen Punkt geltend: Soziolog:innen erlangen »durch ihr Studium im günstigsten Fall eine wissenschaftlich fundierte Berufs*fähigkeit*; spezielle Berufs*fertigkeiten* müssen sie sich jedoch je nach Beruf vor allem ›on the job‹ oder in Praktika aneignen« (Ernst 2006: 7, Herv. i. O.).

Anwendbares Wissen

Keine Expertise ohne Auffrischung

Dass diese Handreichung dazu beitragen will, sich der konkreten Fertigkeiten zu vergewissern, die Sie durchaus auch schon im Studium erwerben, ist Ihnen an dieser Stelle bereits bekannt. Auch haben wir gesehen, dass diese Lücke zwischen Ausbildung und Praxis alle akademischen Laufbahnen auszeichnet und lediglich graduelle Abstufungen bestehen. Der Hinweis auf den Unterschied zwischen einem

Lebensbegleitendes Lernen

Leistungspotenzial und einer tatsächlichen Leistung ist indes wichtig, weil Sie lebensbegleitendes Lernen als Normalfall begreifen sollten. Die Soziologie kann Sie nicht auf alle Wechselfälle des Berufslebens vorbereiten – sie kann lediglich eine solide Basis legen. An diesem Maßstab dürfen Sie das Fach messen.

Aktueller Forschungsstand

Wenn Sie in der Praxis tätig sind, werden Sie feststellen, dass Forschung immer eine zeitliche Verzögerung in Kauf nehmen muss. Trotz regelmäßigem Austausch von Forschung und Arbeitswelt, kann die Soziologie nur das empirisch erheben, was schon in der Praxis anzutreffen ist – und mit dem Sie sich als Praktiker:innen längst auseinandersetzen müssen. Zudem braucht ein Forschungsprozess, dies wissen Sie aus dem Studium, seine Zeit. Die Erhebung und Auswertung von Daten ist zuweilen ein langwieriges Geschäft, und auch Publikationen (selbst kompakte Formate wie Broschüren oder Vorträge) lassen sich nicht ›nebenbei‹ verfassen. Gleichwohl liefert unser Fach selten nur eine Momentaufnahme ab, weshalb auch ältere Studien äußerst instruktiv sein können. Die Soziologie weiß, dass sie ihre Stärke darin hat, konkrete Phänomene in große Entwicklungslinien einzuordnen und längerfristig gültige Diagnosen zu liefern. Warten Sie daher nicht darauf, eine neue Studie zu einem speziellen Problem oder Ihrer Branche zu erhalten, sondern sichten Sie fortlaufend, was die Soziologie anzubieten hat: Zu welchen ähnlich gelagerten Fragen liegen Studien vor? Was sind die Themen, die auf den Kongressen der DGS und ihrer Sektionen verhandelt werden? Welche Fragen wirft der BDS auf? Welche Publikationen liefern grundlegende Einschätzungen zu dem von Ihnen bearbeiteten Thema oder dem Segment, in dem Sie arbeiten?

Gesellschaftliche, alle Bereiche erfassende Transformationsprozesse setzen voraus, sich fortwährend auf dem Laufenden zu halten. Wollen Sie im Berufsleben auf der ›Höhe der Zeit‹, d. h. eng am wissenschaftlichen Kenntnisstand agieren, dann müssen Sie der im Studium erlernten Perspektive und thematischen Recherchearbeit treu bleiben. Für ein derartiges (erwerbs-)lebensbegleitendes Weiterlernen sind Sie, im Unterschied zu den meisten Nicht-Akademiker:innen, bestens ausgebildet. Zeitliche Nischen hierfür werden Ihnen viele Arbeitgeber:innen aus Eigeninteresse einräumen; ist dies nicht der Fall, sollten Sie den Bedarf ansprechen. Sind Sie selbständig tätig, ist eine kontinuierliche Aktualisierung Ihres Wissens ohnehin unabdingbar.

Beispiel 2: Worüber geben Entscheidungen Auskunft?

Als zweites Beispiel möchte ich auf einen Umstand hinweisen, der für alle hochqualifizierten Berufstätigen zutrifft: Sie sind in mehr oder minder komplexe Entscheidungsprozesse involviert. Arbeiten manche auf Positionen, in denen die Lage noch gut überschaubar ist und nur wenige Personen von den eigenen Entscheidungen betroffen sind, stellt sich die Situation für viele anders dar. Wichtige Informationen fehlen, die Zeit für Recherchen ist zu knapp, Konsequenzen lassen sich nicht solide einschätzen. Je höher die Statusposition, desto leichter lassen sich Entscheidungen auch delegieren, desto weitreichender sind jedoch auch die Konsequenzen des Handelns. Die Lage kann also nicht nur in inhaltlicher Hinsicht unübersichtlich sein, sondern auch in Bezug auf die Verantwortung, die man selbst für die Folgen der (delegierten) Entscheidung zu tragen haben wird. *(Randnotiz: Entscheidungsprozesse)*

Zu Entscheidungssituationen hat die Soziologie viele Einsichten im Angebot. Eine reiche Fülle an Publikationen liefert neben definitorischen Klärungen eine sozialtheoretische Einordnung, und diverse Studien nehmen das Phänomen themenbezogen in den Blick, so etwa Günter Burkart mit einem Text über die »Entscheidung zur Eltern- *(Randnotiz: Entscheidungsfindung)* schaft« (1994) oder Werner Vogd mit einer Erhebung über »Ärztliche Entscheidungsfindung im Krankenhaus« (2004). Die letztgenannte Studie ist für unsere Frage nach dem Praxisbezug der Soziologie erhellend, weil der Ort des Geschehens seit jeher die Aufmerksamkeit der Soziologie erhält. Denn wie in einem Brennglas lässt sich am Fall »Krankenhaus« erkunden, wie Menschen in einer komplexen Organisation zusammenarbeiten, in der medizinische, darüber hinaus aber auch wirtschaftliche, rechtliche oder ethische Erkenntnisse und Interessen auszutarieren sind. Zudem sind die Klient:innen dauerhaft anwesend und trotz ihrer physischen Beschwerden, wie die Gesundheitssoziologie eindrücklich schildert, maßgeblich am Behandlungserfolg beteiligt (vgl. Badura 1994).

Vogd hat angesichts dieser Gemengelage zu ergründen versucht, wie Entscheidungen darüber ablaufen, ob und warum Patient:innen auf einer Station bzw. im Krankenhaus belassen oder ›verlegt‹ bzw. entlassen werden. Anhand qualitativer Interviews mit den beteiligten Akteur:innen gelingt es ihm nachzuzeichnen, dass und wie Arbeits- und Diskurskulturen ebenso aber auch betriebswirtschaftliche Interessen der Krankenhausverwaltung und die Gesundheitspolitik die Entscheidungen beeinflussen. Die ärztliche Diagnose wird dann nicht nur als Anwendung medizinischen Wissens oder ethischer Leitlinien erkennbar, sondern auch als strategisches Instrument, um institutionelle Vorgaben zu befolgen – oder auch zu unterlaufen. So können etwa aus medizinischer Sicht nicht erforderliche Operationen angeordnet werden; es können ebenso aber auch Personen ohne Angehörige, obwohl sie eigentlich zu entlassen wären, eine Diagnose erhalten, die ihnen noch einige Tage Erholung im Krankenhaus gestattet. Die Studie gibt Einblick in die je spezifischen Logiken der Funktionsbereiche und professionellen Selbstverständnisse, und auch die subjektiven Belastungen, die sich aus den der Situation inhärenten Widersprüchen ergeben, treten klar hervor: Immer geht es um das Wohl von Menschen, zugleich aber auch um eine Positionierung in der Hierarchie des Krankenhauses und zum Gesundheitssystem. Denn jede Diagnose hat unmittelbare Konsequenzen und unterliegt zugleich der kritischen Beobachtung und Bewertung durch alle Beteiligten.

Das Beispiel zeigt, dass berufliches Handeln nicht nur vom professionellen Selbstverständnis und entsprechenden Standards geleitet ist, sondern organisationale Dynamiken im hohem Maß beeinflussen, wer warum etwas macht oder unterlässt. Sie haben damit einen Hinweis darauf, dass zur Zielerreichung nicht nur eine professionelle Expertise vorhanden sein muss, sondern darüber hinaus auch eine »*trickiness* der Bewältigung fachlicher, organisatorischer und administrativer Interessen« (Vogd 2004: 46, Herv. i. O.). Die Profession verliert hier nicht an Bedeutung, sondern sie ist vielmehr der Kompass, der das Ziel und den Bewertungsmaßstab für die eigensinnige Umgangsweise mit Problemen angibt. Professionelle Expertise und praktisches Geschick sind insofern zwei Seiten derselben Medaille.

Berufliches Handeln

Auf die übliche ›Check-Liste‹ verzichte ich in diesem Kapitel. Gerade weil die Einsatzbereiche für Soziolog:innen so vielfältig sind, müssen Sie nun selbst erkunden, mit welchem Phänomen bzw. Problem Sie es zu tun haben und welche Angebote der Soziologie hierfür zur Anwendung kommen können. Indem Sie diese ›Übertragungsarbeit‹ leisten, schärfen Sie nicht nur Ihr professionelles Profil, sondern tragen das Wissen der Soziologie auch in das Praxisfeld und Ihren Kollegenkreis hinein. Mit etwas Glück erledigt sich dann manches konkrete Problem vor Ort (scheinbar) ›von ganz allein‹.

8. Fazit

In Lehrveranstaltungen sollte die Ergebnissicherung stets eine besondere Aufmerksamkeit erhalten. Da ich nun aber bereits im Verlauf der Kapitel viele Punkte resümiert und Ihnen auch die eine oder andere Wiederholung nicht erspart habe, möchte ich Sie abschließend lediglich noch zu einem Gedankenspiel einladen:

▶ Wählen Sie eine beliebige Branche aus, in der Sie später gern tätig   *Gedankenspiel*
  wären, oder die Sie aus anderen Gründen spannend finden.

▶ Überlegen Sie nun, ob und inwiefern diese Branche bereits im
  Studium auftauchte. Dies kann bei Vorträgen gewesen sein, bei
  der Lektüre von Aufsätzen und Büchern, im Rahmen der Recherche für Referate oder in Beispielen, die Lehrende erwähnt haben.

▶ Nun folgt ein kurzes Brainstorming: Listen Sie auf, welche Speziellen Soziologien oder welche Theorien und Methoden etwas mit der Branche zu tun haben könnten.

▶ Überlegen Sie anschließend, welche Herausforderungen sich hier
  aktuell ergeben: Ist die Branche von bestimmten Dynamiken erfasst? Ist von Kontinuität und Stabilität auszugehen oder deuten sich bestimmte Umbrüche an? Was dürfte die Entwicklung der Branche in den nächsten Jahren beeinflussen? Berücksichtigen Sie dabei die Effekte auf unterschiedlichen Ebenen des Sozialen – und überlegen Sie bei allen Fragen: Warum ist dies so?

▶ Wenden Sie sich nun den Akteur:innen der Branche zu. Wer ist hier einflussreich? Wer ist für die Prozessgestaltung auf den unterschiedlichen Ebenen zuständig? Sind spezifische Interessenkonstellationen oder Konflikte zu erwarten?

▶ Überlegen Sie weiter, welche betrieblichen Organisationen in dieser Branche anzutreffen sind. Welche weiteren Organisationen und Institutionen sind mit welchen Zuständigkeiten involviert?

▶ Im letzten Schritt beantworten Sie die Frage, warum es sinnvoll sein könnte, dass in der Branche und den zugehörigen Organisationen Soziolog:innen zum Einsatz kommen. Weichen Sie dabei nicht auf allgemeine Kompetenzen aus, sondern benennen Sie inhaltliche Gründe. Was können nur (bzw. bevorzugt) Soziolog:innen beisteuern?

Möglicherweise können Sie noch nicht alle der gestellten Fragen beantworten. Dies muss Sie nicht weiter schrecken, denn das Studium bietet noch viele Gelegenheiten, die verbleibenden Lücken zu schließen. Zumindest aber sollten Sie nun eine bessere Vorstellung davon haben, worauf Ihre Ausbildung im Fach zielt.

Professionelle Positionierung Bei der Recherche zur ausgewählten Branche gehen Sie ähnlich vor wie bei Referaten und Hausarbeiten. Der Forschungsstand der Soziologie kann Ihnen umfassend Auskunft darüber geben, wie es um die Entwicklungsdynamik des jeweiligen Erwerbssegments bestellt ist und vor welchen Herausforderungen dieses steht. Auch dürfte es Ihnen gegen Ende des Studiums leichtfallen, die zum Einsatzbereich passenden Theoreme und Erklärungsansätze der Soziologie zu identifizieren. Anregungen für den Transfer von Theorien auf konkrete Alltagssituationen bieten zwei Sammelbände, in denen »Meilensteine« (Fleck et al. 2020) und »Sternstunden« (Neckel et al. 2010) der Soziologie zusammengestellt sind. Mit all diesen Komponenten an der

Hand wird es Ihnen gelingen, eine professionelle Positionierung nicht nur innerhalb der Soziologie, sondern auch zum avisierten Berufsfeld zu entwerfen und diese in Bewerbungsverfahren überzeugend zu präsentieren.

Auch wenn ich in diesem Buch die Verwertbarkeit des Studiums betont habe, möchte ich mit der Empfehlung schließen, sich auf das Unbekannte einzulassen: Legen Sie sich nicht zu frühzeitig fest, und bleiben Sie neugierig auf das, was Ihnen das Studium noch vermitteln wird. Denn würden Sie aus dem reichhaltigen Angebot an Veranstaltungen, Projekten oder Vorträgen immer nur das herausfiltern, was zu dem von Ihnen favorisierten Berufsfeld passt (oder über ›Credits‹ anrechenbar ist), bliebe Ihr Blick auf Gesellschaft allzu verengt. Viele berufsrelevante Einsichten und Kompetenzen ergeben sich jedoch aus Situationen, in denen Sie unbekanntes Terrain beschreiten und vertraute theoretische oder methodische Vorgehensweisen an Grenzen stoßen. Was vordergründig als Umweg erscheinen mag, kann daher letztlich doch ein besserer Weg zum Ziel sein.

Das Studium der Soziologie wird Sie darauf vorbereiten, sich souverän durch das Dickicht der Gesellschaft zu navigieren. Es liegt in Ihrer Hand, die erworbenen Fähigkeiten später ›zum Fliegen‹ zu bringen. Ihre Lehrenden ebenso wie die nachfolgenden Generationen von Studierenden werden sich freuen, von Ihren beruflichen Erfahrungen zu hören.

Studienplanung

9. Zum Weiterlesen

Um Ihnen die Orientierung zu erleichtern, habe ich hier einige Quellen gesondert und nach Themen sortiert zusammengestellt. Ich habe mich dabei auf eine kleine Auswahl sowie auf Publikationen beschränkt, die nach 2000 veröffentlicht wurden. Bei allen Quellen sollten Sie beachten, dass die Studiengänge in regelmäßigem Rhythmus den aktuellen Herausforderungen angepasst werden und der Arbeitsmarkt dynamisch ist. Berücksichtigen Sie daher, zu welchem Zeitpunkt Daten erhoben und bewertende Einschätzungen abgegeben wurden.

Allgemeine Hinweise zum Studium

www.studium.org/soziologie

> *Zielgruppe: Studieninteressierte (B. A./M. A.) und Ortswechsler:innen; hier informiert die DGS über Ziele und Kennzeichen des Fachs. Sie erhalten eine Übersicht und Links zu den Angeboten der einzelnen Studienstandorte und den dortigen Hinweisen auf Hochschulinformationstage, Online Self Assessments (OSA) u. Ä.*

www.abi.de/studium.htm

> *Zielgruppe: Studieninteressierte; hier informiert die Bundesagentur für Arbeit über Studiengänge und präsentiert diverse Artikel auch über das*

Studium und die Berufsperspektiven für Absolvent:innen der Soziologie und der Sozialwissenschaften.

Zacharias, Gerhard (2012): *Studienführer Sozialwissenschaften. Soziologie, Politikwissenschaft* (8. Auflage). Eibelstadt: Lexika Verlag.

Zielgruppe: Schüler:innen, die auf der Suche nach einem Studienfach und Studienstandort sind. Zu beachten ist, dass die Detailangaben zu Studienangeboten nicht mehr aktuell sind; als Entscheidungshilfe bietet das Buch noch immer einige Anhaltspunkte.

Lahm, Swantje/Hoebel, Thomas (Hg.) (2020): *Kleine Soziologie des Studierens. Eine Navigationshilfe für sozialwissenschaftliche Fächer*, Opladen: Barbara Budrich (utb).

Zielgruppe: Studierende der Sozialwissenschaften, die den soziologischen Blick einmal auf die eigene Praxis des Studierens anwenden wollen.

Befragungen von Studierenden der Soziologie

Alle Universitäten evaluieren regelmäßig ihre Studiengänge und legen hierzu Daten vor. Die Vertreter:innen in der studentischen Fachschaft oder die Lehrenden können Ihnen hierzu Auskunft geben. Als Einstieg empfehle ich:

Blaich, Ingo/Grunow, Michael (2020): »Interessenkonstellationen und Fachidentität im Soziologiestudium«. In: *Soziologie* 49 (1), S. 42–62.

Hessler, Gudrun/Oechsle, Mechthild (2012): »Studium und Beruf – Praxiskonzepte von Studierenden der Soziologie und Sozialwissenschaften«. In: Wilfried Schubarth/Karsten Speck/Andreas Seidel/Corinna Gottmann/Caroline Kamm/Maud Krohn (Hg.), *Studium nach Bologna: Praxisbezüge stärken?!*, Wiesbaden: Springer VS, S. 113–125.

Kiefer, Roman/Panzer, Christoph/Weinbrenner, Hannes (2018): »Das Versprechen der Soziologie. Eine explorative Studie zum Soziologieverständnis von Studierenden«. In: *Soziologie* 47 (2), S. 157–175.

Befragungen von Absolvent:innen der Soziologie und der Sozialwissenschaften

In Deutschland werden regelmäßig bundesweite Absolvent:innenstudien durchgeführt: Das Deutsche Zentrum für Hochschul- und Wissenschaftsforschung (DZHW) führt alle vier Jahre eine Erhebung durch. Das Kooperationsprojekt Absolventenstudien (KOAB) erhebt jährlich Daten. Bis zur Befragung des Prüfungsjahrgangs 2015 koordinierte das International Center for Higher Education Research an der Universität Kassel (INCHER-Kassel) diese Erhebungen, seitdem übernimmt das Institut für Angewandte Statistik (ISTAT) diese Aufgabe. Darüber hinaus gibt es weitere Erhebungen in einzelnen Bundesländern.

Die genannten Forschungseinrichtungen geben Ihnen nicht nur Hinweise auf den Verbleib von Absolvent:innen an die Hand, sondern zählen auch zu den einschlägigen beruflichen Einsatzbereichen für Soziolog:innen.

Alesi, Bettina/Neumeyer, Sebastian (2017): *Studium und Beruf in Nordrhein-Westfalen: Studienerfolg und Berufseinstieg der Absolventinnen und Absolventen des Abschlussjahrgangs 2014 von Fachhochschulen und Universitäten*, Kassel: International Centre for Higher Education Research INCHER-Kassel.

Brüderl, Josef/Reimer, David (2002): »Soziologinnen und Soziologen im Beruf. Ergebnisse ausgewählter Absolventenstudien der 90er Jahre«. In: Reinhard Stockmann/Wolfgang Meyer/Thomas Knoll

(Hg.), *Soziologie im Wandel. Universitäre Ausbildung und Arbeitsmarktchancen in Deutschland*, Wiesbaden: VS, S. 199–214.

Diaz-Bone, Rainer/Glöckner, Ulf/Küffer, Anne-Catherine (2004): »Berufliche Situation und Tätigkeitsfeld von Sozialwissenschaftlern: eine Analyse mit dem Mikrozensus 2000«. In: *Sozialwissenschaften und Berufspraxis* 27 (2), S. 171–184.

Meinefeld, Werner (2002): »www.spaeter-mal-Taxifahrer.de? Eine Untersuchung der beruflichen Situation Erlanger Soziologie-Absolventen«. In: *Sozialwissenschaften und Berufspraxis* 25 (1/2), S. 59–83.

Ortenburger, Andreas M. (2004): »Was machen eigentlich Sozialwissenschaftler?‹ Eine kritische Betrachtung von Verbleibsstudien und Teilergebnisse der Bochumer Absolventenbefragung«. In: *Sozialwissenschaften und Berufspraxis* 27 (2), S. 121–131.

Ortenburger, Andreas M. (2008): »Und was willst du später damit machen? Über den beruflichen Verbleib von Soziologen«. In: Uwe Schimank/Nadine M. Schöneck (Hg.), *Gesellschaft begreifen: Einladung zur Soziologie*, Frankfurt a. M., New York: Campus, S. 178–189.

Berufsverbände

www.soziologie.de
   Deutsche Gesellschaft für Soziologie (DGS); für die Frage nach Einsatzbereichen s. hier den »Fachausschuss ›Soziologie als Beruf‹«
www.bds-soz.de, www.soziologie-deutschland.net
   Berufsverband Deutscher Soziologinnen und Soziologen e. V. (BDS); umfassende Aktivitäten zum Thema (Informationen zu Berufsfeldern, Vernetzung, Beratung)
   Der Verband gibt zwei Zeitschriften heraus:
   »Soziologie heute«: https://www.soziologie-deutschland.net/sozio logie-heute/

»Sozialwissenschaften und Berufspraxis (SuB)«: https://www.so
ziologie-deutschland.net/sub-sozialwissenschaften-und-berufs
praxis/

Die DGS und der BDS liefern auf ihren Internetseiten fortwährend
aktuelles Material und weisen auf Tagungen zum Thema hin.

Darstellungen von Berufsfeldern in Sammelbänden

Blättel-Mink, Birgit/Katz, Ingrid (Hg.) (2004): *Soziologie als Beruf?
Soziologische Beratung zwischen Wissenschaft und Praxis*, Wiesbaden: VS.

Breger, Wolfram/Böhmer, Sabrina (2007) (Hg.): *Was werden mit Soziologie: Berufe für Soziologinnen und Soziologen. Das BDS-Berufshandbuch. Im Auftrag des Bundesverbandes Deutscher Soziologinnen und
Soziologen e. V.*, Stuttgart: Lucius & Lucius.

Breger, Wolfram/Späte, Katrin/Wiesemann, Paula (Hg.) (2016): *Handbuch Sozialwissenschaftliche Berufsfelder. Modelle zur Unterstützung
beruflicher Orientierungsprozesse*, Wiesbaden: Springer VS.

Henning, Wolfgang (2001): *Karrieren unter der Lupe: Politologen – Soziologen*, Würzburg: Lexika-Verlag.

Mauel, Ann-Katrin/Pfläging, Mareike (Hg.) (2021): *Guess What? Praktikum und Beruf für Studierende der Gesellschaftswissenschaften und
verwandter Fachrichtungen*, Universität Kassel, URL: https://praxis
05.files.wordpress.com/2021/03/web_guess-what_uni-kassel.pdf
[gesehen am 01. Juni 2021].

Obermeier, Claudia/Dürkop-Henseing, Linda (Hg.) (2018): *Typisch
Soziologie!? Sozialwissenschaft zwischen Wissenschaft und Praxis*,
Weinheim: Beltz-Juventa.

Späte, Katrin (Hg.) (2007): *Beruf Soziologe? Studieren für die Praxis*, Konstanz: UVK (utb).

Stockmann, Reinhard/Meyer, Wolfgang/Knoll, Thomas (Hg.) (2002): *Soziologie im Wandel. Universitäre Ausbildung und Arbeitsmarktchancen in Deutschland*, Wiesbaden: VS.

Darstellungen von Berufsfeldern im Internet

Einschlägig sind hier die oben genannten Seiten von DGS und BDS, darüber hinaus:

www.mehralstaxifahren.de
Lena Weber sammelt Portraits von berufstätigen Soziolog:innen; Stellenausschreibungen
www.berufenet.arbeitsagentur.de
Allgemeine Informationen der Bundesagentur für Arbeit

Hinweise für Lehrende

Arnold, Nadine/Winterberger, Franziska (2020): »Praxis an der Uni«. Wie forschendes Lernen in der Soziologie Berufsbezüge herstellt. In: *die hochschullehre* 6/2020, S. 313–324.

Brendel, Sabine/Hanke, Ulrike/Macke, Gerd (2019): *Kompetenzorientiert lehren an der Hochschule*. Opladen, Toronto: Barbara Budrich (utb).

Werth, Lioba/Sedlbauer, Klaus (2018): *In Forschung und Lehre professionell agieren* (7. unveränd. Auflage). Bonn: Deutscher Hochschulverband.

10. Quellenverzeichnis

Adorno, Theodor W./Albert, Hans/Dahrendorf, Ralf/Habermas, Jürgen/Pilot, Harald/Popper, Karl R. (1993 [1969]): *Der Positivismusstreit in der deutschen Soziologie*, München: Deutscher Taschenbuch Verlag.

Arnold, Nadine/Winterberger, Franziska (2020): «Praxis an der Uni«: Wie Forschendes Lehren in der Soziologie Berufsbezüge herstellt«. In: *Die Hochschullehre. Interdisziplinäre Zeitschrift für Studium und Lehre* 6 (18), Bielefeld: wbv, S. 314–324.

Autorengemeinschaft (2006): »Arbeitsmarkt Soziologen. Mehr denn je Eigeninitiative«. In: *Uni-Magazin. Beruf und Arbeitsmarkt* 30 (2), S. 52–57.

Baethge, Martin (1991): »Arbeit, Vergesellschaftung, Identität. Zur zunehmenden normativen Subjektivierung der Arbeit«. In: *Soziale Welt* 42 (1), S. 6–19.

Bandura, Albert (1997 [1977]): *Self-efficacy: The exercise of control*, New York: Freeman.

Beck, Ulrich (1980): »Die Vertreibung aus dem Elfenbeinturm. Anwendung soziologischen Wissens als soziale Konfliktsteuerung«. In: *Soziale Welt* 31 (4), S. 415–441.

Beck, Ulrich (1986): *Risikogesellschaft. Auf dem Weg in eine andere Moderne*, Frankfurt a. M.: Suhrkamp.

Beck, Ulrich/Bonß, Wolfgang (1984): »Soziologie und Modernisierung: Zur Ortsbestimmung der Verwendungsforschung«. In: *Soziale Welt* 35 (4), S. 381–406.

Beck, Ulrich/Brater, Michael/Daheim, Hansjürgen (1980): *Soziologie der Arbeit und der Berufe. Grundlagen, Problemfelder, Forschungsergebnisse*, Reinbek bei Hamburg: Rowohlt.

Beck, Ulrich/Beck-Gernsheim, Elisabeth (1993): »Nicht Autonomie, sondern Bastelbiographie. Anmerkungen zur Individualisierungsdiskussion am Beispiel des Aufsatzes von Günter Burkart«. In: *Zeitschrift für Soziologie* 22 (3), S. 178–187.

Becker-Schmidt, Regina/Brandes-Erhoff, Uta/Karrer, Marva/Knapp, Gudrun-Axeli/Rumpf, Mechthild/Schmidt, Beate (1982): *Nicht wir haben die Minuten, die Minuten haben uns. Zeitprobleme und Zeiterfahrungen von Arbeitermüttern in Fabrik und Familie*, Bonn: Verlag Neue Gesellschaft.

Blaich, Ingo/Grunow, Michael (2020): »Interessenkonstellationen und Fachidentität im Soziologiestudium«. In: *Soziologie* 49 (1), S. 42–62.

Blättel-Mink, Birgit (2016): »Berufung zu Freiheit und Vielfalt: Soziologieprofessur an einer Universität«. In: Wolfram Breger/Katrin Späte/Paula Wiesemann (Hg.), *Handbuch Sozialwissenschaftliche Berufsfelder*, Wiesbaden: Springer VS, S. 215–226.

Blättel-Mink, Birgit/Briken, Kendra/Drinkuth, Andreas/Wassermann, Petra (Hg.) (2008): *Beratung als Reflexion: Perspektiven einer kritischen Berufspraxis für Soziolog/inn/en*, Berlin: Edition Sigma.

Blättel-Mink, Birgit/Katz, Ingrid (Hg.) (2004): *Soziologie als Beruf? Soziologische Beratung zwischen Wissenschaft und Praxis*, Wiesbaden: VS.

Böhle, Fritz (2018): »Arbeit als Handeln«. In: Ders./G. Günter Voß/ Günther Wachtler (Hg.), *Handbuch Arbeitssoziologie*, Band 1: Arbeit,

Strukturen und Prozesse (2. Auflage), Wiesbaden: Springer VS, S. 171–200.

Böhnisch, Lothar (2016): »Familie und Bildung«. In: Rudolf Tippelt/ Bernhard Schmitt-Hertha (Hg.), Handbuch Bildungsforschung (4. Auflage), Wiesbaden: Springer VS, S. 399–414.

Bourdieu, Pierre (1996 [1979]): Die feinen Unterschiede. Kritik der gesellschaftlichen Urteilskraft (8. Auflage), Frankfurt a. M.: Suhrkamp [Original: La distinction. Critique sociale du jugement, Paris: Éditions de Minuit].

Bourdieu, Pierre/Wacquant, Loïc J. D. (1996 [1992]): »Die Logik der Felder«. In: Dies. (Hg.), Reflexive Anthropologie, Frankfurt a. M.: Suhrkamp, S. 124–146 [Original: Réponses pour une anthropologie réflexive, Paris: Éditions du Seuil].

Brater, Michael/Beck, Ulrich (1983): »Berufe als Organisationsformen menschlichen Arbeitsvermögens«. In: Wolfgang Littek/Werner Rammert/Günther Wachtler (Hg.), Einführung in die Arbeits- und Industriesoziologie (2. erweiterte Auflage), Frankfurt a. M.: Campus, S. 208–224.

Breger, Wolfram/Böhmer, Sabrina (Hg.) (2007): Was werden mit Soziologie: Berufe für Soziologinnen und Soziologen. Das BDS-Berufshandbuch im Auftrag des Bundesverbandes Deutscher Soziologinnen und Soziologen e. V., Stuttgart: Lucius & Lucius.

Breger, Wolfram/Späte, Katrin/Wiesemann, Paula (Hg.) (2016): Handbuch Sozialwissenschaftliche Berufsfelder. Modelle zur Unterstützung beruflicher Orientierungsprozesse, Wiesbaden: Springer VS.

Brüderl, Josef/Reimer, David (2002): »Soziologinnen und Soziologen im Beruf: Ergebnisse ausgewählter Absolventenstudien der 90er Jahre«. In: Reinhard Stockmann/Thomas Knoll/Wolfgang Meyer (Hg.), Soziologie im Wandel. Universitäre Ausbildung und Arbeitsmarktchancen in Deutschland, Wiesbaden: VS, S. 199–214.

Bundesagentur für Arbeit (2019): *Berichte: Blickpunkt Arbeitsmarkt – Akademikerinnen und Akademiker*, URL: https://statistik.arbeits agentur.de/DE/Statischer-Content/Statistiken/Themen-im-Fo kus/Berufe/Generische-Publikationen/Broschuere-Akademiker. pdf?__blob=publicationFile&v=4 [gesehen am: 18. Februar 2021].

Burkart, Günther (1994): *Die Entscheidung zur Elternschaft. Eine empirische Kritik von Individualisierungs- und Rational-choice-Theorien*, Stuttgart: Enke.

Castel, Robert (2005 [2003]): *Die Stärkung des Sozialen. Leben im neuen Wohlfahrtsstaat*, Hamburg: Hamburger Edition [Original: L'insécurité sociale: qu'est-ce qu'être protégé? Paris: Éditions du Seuil].

Claessens, Dieter (1963): »Soziologie als Beruf und das Problem möglicher Normativität angewandter Soziologie«. In: *Soziale Welt* 14 (3/4), S. 264–277.

Collins, Randal (2012 [1987]): »Schließungsprozesse und die Konflikttheorie der Professionen«. In: Ders., *Konflikttheorie. Ausgewählte Schriften*, herausgegeben von Jörg Rössel/Uwe Schimank/Georg Vobruba, Wiesbaden: Springer VS, S. 187–207 [Original: *Österreichische Zeitschrift für Soziologie* 12 (2), S. 46–60].

Demeszky, Alma/Voß, G. Günter (2018): »Beruf und Profession«. In: Fritz Böhle/G. Günter Voß/Günther Wachtler (Hg.), *Handbuch Arbeitssoziologie*, Band 2: Akteure und Institutionen (2. Auflage), Wiesbaden: Springer VS, S. 477–538.

Diaz-Bone, Rainer/Glöckner, Ulf/Küffer, Anne-Catherine (2004): »Berufliche Situation und Tätigkeitsfeld von Sozialwissenschaftlern: eine Analyse mit dem Mikrozensus 2000«. In: *Sozialwissenschaften und Berufspraxis* 27 (2), S. 171–184.

Dostal, Friedemann/Stooß, Werner/Troll, Lothar (1998): »Beruf – Auflösungstendenzen und erneute Konsolidierung«. In: *Mitteilungen aus der Arbeitsmarkt- und Berufsforschung* 31 (3), S. 438–460.

Dubet, François (2008 [2006]): *Ungerechtigkeiten: Zum subjektiven Ungerechtigkeitsempfinden am Arbeitsplatz*, Hamburg: Hamburger Edition [Original: Injustices. L'expérience des inégalités au travail, Paris: Éditions du Seuil].

Durkheim, Émile (1983 [1897]): *Der Selbstmord*, Frankfurt a. M.: Suhrkamp [Original: Le suicide: Étude de sociologie, Paris: Alcan].

Erikson, Erik H. (1997 [1966]): *Identität und Lebenszyklus*, Frankfurt a. M.: Suhrkamp.

Ernst, Stefanie (2006): »XIII. Tagung für angewandte Soziologie – Forum B: Wie viel Praxis verträgt die Soziologie? Studienreform und Arbeitsmarkt: Zusammenfassung der Beiträge«. In: *Sozialwissenschaften und Berufspraxis* 29 (1), S. 5–10.

Ferber, Christian v. (1959): »Der Werturteilsstreit 1909–1959«. In: *Kölner Zeitschrift für Soziologie und Sozialpsychologie* 11 (1), S. 21–37.

Fleck, Christian/Dayé, Christian (Hg.) (2020): *Meilensteine der Soziologie*, Frankfurt a. M., New York: Campus.

Fuchs, Marek/Lamnek, Siegfried (1992): »Soziologen in der Berufspraxis: Beschäftigung, Tätigkeit und Interessen«. In: *Sozialwissenschaften und Berufspraxis* 15 (2), S. 204–219.

Funder, Maria (2018): »Betriebliche Organisation und Organisationsgesellschaft«. In: Fritz Böhle/G. Günter Voß/Günther Wachtler (Hg.), *Handbuch Arbeitssoziologie*, Band 2: Akteure und Institutionen (2. Auflage), Wiesbaden: Springer VS, S. 133–176.

Glaser, Barney G./Strauss, Anselm L. (1971): *Status Passage*, Chicago: Aldine-Atherton.

Gottschall, Karin (2018): Arbeit, Beschäftigung und Arbeitsmarkt aus der Genderperspektive. In: Fritz Böhle/G. Günter Voß/Günther Wachtler (Hg.), *Handbuch Arbeitssoziologie*, Band 2: Akteure und Institutionen (2. Auflage), Wiesbaden: Springer VS, S. 361–395.

Gross, Peter (1985): »Bastelmentalität: ein ›postmoderner‹ Schwebe-
zustand«. In: Thomas Schmid (Hg.), *Das pfeifende Schwein. Über
weitergehende Interessen der Linken*, Berlin: Wagenbach, S. 63–84.

Heidenreich, Martin (1999): »Berufskonstruktion und Professionali-
sierung. Erträge der soziologischen Forschung«. In: Hans Jürgen
Apel/Klaus Peter Horn/Peter Lundgreen/Uwe Sandfuchs (Hg.),
Professionalisierung pädagogischer Berufe im historischen Prozeß,
Bad Heilbrunn: Julius Klinkhardt, S. 35–58.

Hessler, Gudrun/Oechsle, Mechthild/Scharlau, Ingrid (2014): *Studium
und Beruf: Studienstrategien – Praxiskonzepte – Professionsverständ-
nis: Perspektiven von Studierenden und Lehrenden nach der Bologna-
Reform*, Bielefeld: transcript.

Hinz, Thomas/Brüderl, Josef/Jungbauer-Gans, Monika (1995): »Münch-
ner Soziologinnen und Soziologen im Beruf«. In: *Sozialwissenschaften und Berufspraxis* 18 (4), S. 328–345.

Hirschauer, Stefan (2021): »Ungehaltene Dialoge. Zur Fortentwicklung
soziologischer Interdisziplinarität«. In: *Soziologie* 50 (1), S. 46–65.

Hitzler, Roland/Honer, Anne (1994): »Bastelexistenz: über subjektive
Konsequenzen der Individualisierung«. In: Ulrich Beck/Elisabeth
Beck-Gernsheim (Hg.), *Riskante Freiheiten: Individualisierung in
modernen Gesellschaften*, Frankfurt a. M.: Suhrkamp, S. 307–315.

Hoecker-Drysdale, Susan (1998): »Harriet Martineau (1802–1876). Kritische Sozialforschung: Theorie und Praxis«. In: Claudia Honeg-
ger/Theresa Wobbe (Hg.), *Frauen in der Soziologie. Neun Portraits*.
München: C. H. Beck, S. 28–59.

Hurrelmann, Klaus (2002): Selbstsozialisation oder Selbstorganisa-
tion? In: *ZSE: Zeitschrift für Soziologie der Erziehung und Sozialisation* 22 (2), S. 155–166.

ISTAT (Hg.) (2021): *Visualisierung der Befragungsergebnisse des Studiengangs Soziologie Master. Befragung der Absolvent*innen der Prüfungs-

jahrgänge 2017 und 2018 (Bearbeitet vom ISTAT – Institut für Angewandte Statistik), Kassel: Institut für Angewandte Statistik.

Jahoda, Marie (1997): »*Ich habe die Welt nicht verändert«: Lebenserinne-
rung einer Pionierin in der Sozialforschung*, Frankfurt a. M.: Campus.

Jürgens, Kerstin/Hoffmann, Reiner/Schildmann, Christina (2017):
*Arbeit transformieren! Denkanstöße der Kommission »Arbeit der Zu-
kunft«*, Bielefeld: transcript.

Kaelble, Karl/Borgetto, Bernhard (2016): »Soziologie der Berufe im
Gesundheitswesen«. In: Matthias Richter/Klaus Hurrelmann (Hg.),
Soziologie von Gesundheit und Krankheit, Wiesbaden: Springer VS,
S. 383–402.

Kaufmann, Jean Claude (1995 [1992]): *Schmutzige Wäsche. Zur ehelichen
Konstruktion von Alltag*, Konstanz: UVK [Original: La Trame conju-
gale: Analyse du couple par son linge, Paris: Nathan].

Kiefer, Roman/Panzer, Christoph/Weinbrenner, Hannes (2018): »Das
Versprechen der Soziologie. Eine explorative Studie zum Soziologieverständnis von Studierenden«. In: *Soziologie* 47 (2), S. 157–175.

Klages, Helmut (1984): *Wertorientierungen im Wandel. Rückblick, Gegen-
wartsanalyse, Prognosen*, Frankfurt a. M.: Campus.

Kleemann, Frank (2012): Subjektivierung von Arbeit – eine Reflexion
zum Stand des Diskurses. In: *Arbeits-und Industriesoziologische
Studien* 5 (2), S. 6–20.

Korte, Hermann/Schäfers, Bernhard (1997): *Einführung in die Praxisfelder der Soziologie*, Wiesbaden: Springer VS.

Krappmann, Lothar (2005 [1969]): *Soziologische Dimensionen der Identität* (10. Auflage), Stuttgart: Klett-Cotta.

Kromrey, Helmut (1999): »Diplom Soziologie und was dann? Eine Befragung von Berliner Absolventinnen und Absolventen über Berufseintritt und beruflichen Werdegang«. In: Dieter Gühn (Hg.),
Mit Praxisprogrammen das Berufsziel erreichen: Berufsverbleib von

Hochschulabsolventen – Vom Arbeitsmarktprogramm zum Career Center – Berufsqualifizierende Elemente in den neuen gestuften Studiengängen, Bielefeld: BDS, S. 43–62.

Kuchler, Barbara (2020): »Der Sumpf der Soziologie. Über eine Disziplin ohne sicheren Grund«. In: Swantje Lahm/Thomas Hoebel (Hg.), *Kleine Soziologie des Studierens. Eine Navigationshilfe für sozialwissenschaftliche Fächer*, Opladen: Barbara Budrich (utb), S. 14–20.

Kuda, Eva/Strauß, Jürgen (2002): *Arbeitnehmer als Unternehmer? Herausforderungen für Gewerkschaften und berufliche Bildung*, Hamburg: VSA.

Kühl, Stefan (2009): »Forschendes Lernen und Wissenschaftsbetrieb. Zur Erfahrung mit einem soziologischen Lehrforschungsprojekt«. In: Ludwig Huber (Hg.), *Motivierendes Lehren und Lernen in Hochschulen: Vol. 10. Forschendes Lernen im Studium. Aktuelle Konzepte und Erfahrungen*, Bielefeld: Universitätsverlag Webler, S. 99–113.

Kühl, Stefan/Tacke, Veronika (2004): »Organisationssoziologie für die Praxis? Zur Produktion und Lehre eines Wissens, das sich gegen seine Verwendung sträubt«. In: Birgit Blättel-Mink/Ingrid Katz (Hg.), *Soziologie als Beruf? Soziologische Beratung zwischen Wissenschaft und Praxis*, Wiesbaden: VS, S. 67–82.

Lamnek, Siegfried (Hg.) (1993): *Soziologie als Beruf in Europa. Ausbildung und Professionalisierung von Soziologinnen und Soziologen im europäischen Vergleich*, Berlin: Edition Sigma.

Lepsius, Rainer M. (2011): »Max Weber und die Gründung der Deutschen Gesellschaft für Soziologie«. In: *Soziologie* 40 (1), S. 7–19.

Luckmann, Thomas/Sprondel, Walter M. (1972): *Berufssoziologie*, Köln: Kiepenheuer & Witsch.

Ludwig, Joachim (2012): »Studieneingangsphasen als Professionalitätsproblem«. In: Peter Kossack (Hg.), *Die Studieneingangsphase:*

Analyse, Entscheidung und Entwicklung, Bielefeld: Universitätsverlag Webler, S. 45–56.

Luhmann, Niklas (1984): *Soziale Systeme. Grundriss einer allgemeinen Theorie*, Frankfurt a. M.: Suhrkamp.

Lüschen, Günther (1979): »Anmerkungen zum Praxisbezug der Soziologie«. In: *Kölner Zeitschrift für Soziologie und Sozialpsychologie* (Sonderheft 21), Opladen: Westdeutscher Verlag, S. 1–24.

Matthes, Joachim (1973): »Soziologie ohne Soziologen? Zur Lage des Soziologiestudiums in der Bundesrepublik«. In: *Zeitschrift für Soziologie* 2 (1), S. 47–58.

Mauel, Ann-Katrin/Pfläging, Mareike (Hg.) (2021): *Guess What? Praktikum und Beruf für Studierende der Gesellschaftswissenschaften und verwandter Fachrichtungen*, Universität Kassel, URL: https://praxis 05.files.wordpress.com/2021/03/web_guess-what_uni-kassel.pdf [gesehen am 01. Juni 2021].

Mayntz, Renate (1958): *Die soziale Organisation des Industriebetriebes*, Stuttgart: Enke.

Mead, George Herbert (1991 [1934]): *Geist, Identität und Gesellschaft. Aus der Sicht des Sozialbehaviorismus*, Frankfurt a. M.: Suhrkamp [Original: Mind, Self and Society. From the standpoint of a social behaviorist, Chicago: University Press].

Meinefeld, Werner (2002): »www.spaeter-mal-Taxifahrer.de? Eine Untersuchung der beruflichen Situation Erlanger Soziologie-Absolventen«. In: *Sozialwissenschaften und Berufspraxis* 25 (1/2), S. 59–83.

Meinefeld, Werner (2012): »Schon wieder kein Taxifahrer dabei!« Zur beruflichen Situation Erlanger Soziologinnen und Soziologen. *Vortrag im Rahmen der Tagung »Soziologie und Beruf«*, URL: https://www.soziologie.phil.fau.de/files/2017/12/vortrag_auf_dem_absolventreffen_2012_01_21.pdf [gesehen am: 18. Februar 2021].

Neckel, Sighard/Mijic, Ana/von Scheve, Christian/Titton, Monica (Hg.) (2010): *Sternstunden der Soziologie. Wegweisende Theoriemodelle des soziologischen Denkens*, Frankfurt a. M.: Campus.

Oevermann, Ulrich (1990): *Klinische Soziologie. Konzeptualisierung, Begründung, Berufspraxis und Ausbildung*, Frankfurt a. M.: Unveröffentlichtes Manuskript, URL: http://userpage.fu-berlin.de/vogd/KlinischeSoziologie.pdf [gesehen am: 18. Februar 2021].

Ortenburger, Andreas M. (2004): »›Was machen eigentlich Sozialwissenschaftler?‹: eine kritische Betrachtung von Verbleibsstudien und Teilergebnisse der Bochumer Absolventenbefragung«. In: *Sozialwissenschaften und Berufspraxis* 27 (2), S. 121–131.

Parsons, Talcott (Hg.) (1964 [1939]): »Die akademischen Berufe und die Sozialstruktur«. In: Ders., *Beiträge zur soziologischen Theorie*, Neuwied, Berlin: Luchterhand, S. 160–179.

Pfadenhauer, Michaela (2003): *Professionalität. Eine wissenssoziologische Rekonstruktion institutionalisierter Kompetenzdarstellungskompetenz*, Opladen: Leske + Budrich.

Pfadenhauer, Michaela/Sander, Tobias (2010): »Professionssoziologie«. In: Georg Kneer/Markus Schroer (Hg.), *Handbuch Spezielle Soziologien*, Wiesbaden: VS, S. 361–378.

Pfeiffer, Sabine/Suphan, Anne (2020): »Digitalisierung, Arbeit und Beschäftigung: Altbekannte Zusammenhänge, überholte Kategorien, neuartige Effekte?« In: *Soziale Welt*, Sonderband 23, S. 326–348.

Polanyi, Michael (2016 [1966]): *Implizites Wissen* (2. Auflage), Frankfurt a. M.: Suhrkamp [Original: The Tacit Dimension, New York: Doubleday].

Popitz, Heinrich/Bahrdt, Hans Paul/Jüres, Ernst August/Kesting, Hanno (1976 [1957]): *Technik und Industriearbeit. Soziologische Untersuchungen in der Hüttenindustrie* (3. Auflage), Tübingen: Mohr.

Projektgruppe »Alltägliche Lebensführung« (1995): *Arrangements zwischen Traditionalität und Modernisierung*, Opladen: Leske + Budrich.

Ritsert, Jürgen (2010): »Der Positivismusstreit«. In: Georg Kneer/Stephan Moebius (Hg.), *Soziologische Kontroversen. Eine andere Geschichte von der Wissenschaft vom Sozialen*, Berlin: Suhrkamp, S. 102–130.

Sauer, Dieter (2018): »Vermarktlichung und Vernetzung der Unternehmens- und Betriebsorganisation«. In: Fritz Böhle/G. Günter Voß/Günther Wachtler (Hg.), *Handbuch Arbeitssoziologie*, Band 2: Akteure und Institutionen (2. Auflage), Wiesbaden: Springer VS, S. 177–206.

Schütz, Alfred (1993 [1932]): *Der sinnhafte Aufbau der sozialen Welt. Eine Einleitung in die verstehende Soziologie* (6. Auflage), Frankfurt a. M.: Suhrkamp.

Schütz, Alfred/Luckmann, Thomas (2017 [1975]): *Strukturen der Lebenswelt*, Konstanz: UVK (utb).

Simmel, Georg (1992a [1908]): »Der Streit«. In: Ders., *Soziologie. Untersuchungen über die Formen der Vergesellschaftung (Georg Simmel-Gesamtausgabe, Band 11)*, herausgegeben von Otthein Rammstedt, Frankfurt a. M.: Suhrkamp, S. 186–255.

Simmel, Georg (1992b [1908]): »Die quantitative Bestimmtheit der Gruppe«. In: Ders., *Soziologie. Untersuchungen über die Formen der Vergesellschaftung (Georg Simmel-Gesamtausgabe, Band 11)*, herausgegeben von Otthein Rammstedt, Frankfurt a. M.: Suhrkamp, S. 63–159.

Simmel, Georg (1995 [1903]): »Die Großstädte und das Geistesleben«. In: Ders., *Aufsätze und Abhandlungen 1901–1908, Band I. (Georg Simmel-Gesamtausgabe, Band 7)*, herausgegeben von Rüdiger Kramme/Angela Rammstedt/Otthein Rammstedt, Frankfurt a. M.: Suhrkamp, S. 116–131.

Späte, Katrin (2007): *Beruf Soziologe? Studieren für die Praxis*, Konstanz: UVK (utb).

Statistisches Bundesamt (2020): *Dauer der Beschäftigung beim aktuellen Arbeitgeber*, URL: https://www.destatis.de/DE/Themen/Arbeit/ Arbeitsmarkt/Qualitaet-Arbeit/Dimension-4/dauer-beschaefti gung-aktuell-Arbeitgeber.html [gesehen am 08. Februar 2021].

Statistisches Bundesamt (2021): *Gender Pay Gap 2020: Frauen verdienten 18 % weniger als Männer* (Pressemitteilung vom 09.03.2021), URL: https://www.destatis.de/DE/Presse/Pressemitteilungen/2021/03/ PD21_106_621.html [gesehen am 01. April 2021].

Stepstone GmbH (2020): *Gehaltsreport für Absolventen 2020/2021*, URL: https://www.stepstone.de/Ueber-StepStone/wp-content/uploads/ 2020/11/Stepstone_Gehaltsreport_fuer_Absolventen_2020_21.pdf [gesehen am 09. Februar 2021].

Stockmann, Reinhard/Meyer, Wolfgang/Knoll, Thomas (Hg.) (2002): *Soziologie im Wandel. Universitäre Ausbildung und Arbeitsmarktchancen in Deutschland*, Wiesbaden: VS.

Strübing, Jörg (1997): »Soziologie als Fiktion? Zum beruflichen Selbstverständnis berufstätiger Soziologen außerhalb der Universitäten«. In: *Sozialwissenschaften und Berufspraxis* 20 (2), S. 154–171.

Tenbruck, Friedrich (1995): »Nachwort zu Weber: Wissenschaft als Beruf«. In: Max Weber, *Wissenschaft als Beruf,* mit einem Nachwort von Friedrich Tenbruck, Stuttgart: Reclam, S. 47–77.

Van der Loo, Hans/Van Reijen, Willem (1992): *Modernisierung. Projekt und Paradox*, München: Deutscher Taschenbuch Verlag.

Vester, Michael/von Oertzen, Peter/Geiling, Heiko/Hermann, Thomas/ Müller, Dagmar (1993): *Soziale Milieus im gesellschaftlichen Strukturwandel*, Köln: Bund.

Viehoff, Ludger (1984): »Zur Entwicklung der Soziologie an den Hochschulen der Bundesrepublik Deutschland von 1960 bis 1981«. In: *Zeitschrift für Soziologie* 13 (3), S. 264–272.

Vobruba, Georg (2021): »Was ist Soziologie nicht?« In: *Studium.org*, URL: https://www.studium.org/soziologie/fragen/was-ist-soziologie-nicht [gesehen am 25. Januar 2021].

Vogd, Werner (2004): »Ärztliche Entscheidungsfindung im Krankenhaus«. In: *Zeitschrift für Soziologie* 33 (1), S. 26–47.

Voß, G. Günter (1991): *Lebensführung als Arbeit. Über die Autonomie der Person im Alltag der Gesellschaft*, Stuttgart: Enke.

Voß, G. Günter (2017): »Arbeitskraftunternehmer«. In: Hartmut Hirsch-Kreinsen/Heiner Minssen (Hg.), *Lexikon der Arbeits- und Industriesoziologie* (2. Auflage), Baden-Baden: Nomos, S. 49–52.

Voß, G. Günter/Pongratz, Hans J. (1998): »Der Arbeitskraftunternehmer. Eine neue Grundform der ›Ware Arbeitskraft‹?« In: *Kölner Zeitschrift für Soziologie und Sozialpsychologie* 50 (1), S. 131–158.

Weber, Max (1980 [1922]): *Wirtschaft und Gesellschaft. Grundriß der verstehenden Soziologie*, besorgt von Johannes Winckelmann (5. Auflage), Tübingen: Mohr.

Weber, Max (1995 [1919]): *Wissenschaft als Beruf*, mit einem Nachwort von Friedrich Tenbruck, Stuttgart: Reclam.

Dank

Gespräche und Debatten mit Studierenden und Absolvent:innen gaben den Impuls dafür, diese Handreichung zu verfassen. Ich möchte Ihnen herzlich dafür danken, dass Sie mir sehr offen mitgeteilt haben, welche Fragen und Unsicherheiten Sie zum Studiengang, hinsichtlich Ihrer Berufsperspektiven und der Anwendungsmöglichkeiten des Gelernten umtreiben. Bestärkt haben mich auch die Rückmeldungen von Frank Kleemann, Karsten Reinecke, Miriam Schanze und Anja Steinbach, die bereit waren, einen prüfenden Blick auf das finale Manuskript zu werfen. Alisa Richter, die als wissenschaftliche Hilfskraft an der Professur arbeitet, hat mich mit großer Ausdauer bei der Beschaffung von Texten und der Erstellung des Literaturverzeichnisses unterstützt. Dennis Schmidt vom Verlag transcript hat mit großem Engagement die Schritte bis zum fertigen Buch begleitet. Ihnen allen gilt mein Dank.

transcript bei utb

Stephan Günzel
Raum
Eine kulturwissenschaftliche Einführung
3. Auflage

2020, 192 S., kart.
20,00 € (DE), 978-3-8252-5360-8
E-Book:
PDF: 17,99 € (DE), ISBN 978-3-8385-5360-3

María do Mar Castro Varela, Nikita Dhawan
Postkoloniale Theorie
Eine kritische Einführung
3. Auflage

2020, 384 S., kart.
25,00 € (DE), 978-3-8252-5362-2
E-Book:
PDF: 22,99 € (DE), ISBN 978-3-8385-5362-7

**Weitere Informationen und Bestellmöglichkeiten
finden Sie unter https://www.utb-shop.de**

transcript bei utb

Wolfgang Bonß, Oliver Dimbath,
Andrea Maurer, Helga Pelizäus,
Michael Schmid

Gesellschaftstheorie

Eine Einführung

Januar 2021, 344 S., kart.
25,00 € (DE), 978-3-8252-5459-9
E-Book:
PDF: 21,99 € (DE), ISBN 978-3-8385-5459-4